The Nine Headed Lion

The Nine Headed Lion

A Story in Simplified Chinese and Pinyin
Includes English Translation

Book 29 of the *Journey to the West* Series

Written by Jeff Pepper
Chinese Translation by Xiao Hui Wang

Based on chapters 87 – 90 of the original
Chinese novel *Journey to the West* by Wu Cheng'en

This is a work of fiction. Names, characters, organizations, places, events, locales, and incidents are either the products of the author's imagination or used in a fictitious manner. Any resemblance to actual persons, living or dead, or actual events is purely coincidental.

Copyright © 2022 by Imagin8 Press LLC, all rights reserved.

Published in the United States by Imagin8 Press LLC, Verona, Pennsylvania, US. For information, contact us via email at info@imagin8press.com or visit www.imagin8press.com.

Our books may be purchased directly in quantity at a reduced price, visit our website www.imagin8press.com for details.

Imagin8 Press, the Imagin8 logo and the sail image are all trademarks of Imagin8 Press LLC.

Written by Jeff Pepper
Chinese translation by Xiao Hui Wang
Cover design by Katelyn Pepper and Jeff Pepper
Book design by Jeff Pepper
Artwork by Next Mars Media, Luoyang, China
Audiobook narration by Junyou Chen

Based on the original 16th century Chinese novel by Wu Cheng'en

ISBN: 978-1952601989
Version 04

Acknowledgements

We are deeply indebted to the late Anthony C. Yu for his incredible four-volume translation, *The Journey to the West* (University of Chicago Press, 1983, revised 2012).

We have also referred frequently to another unabridged translation, William J.F. Jenner's *The Journey to the West* (Collinson Fair, 1955; Silk Pagoda, 2005), as well as the original Chinese novel 西游记 by Wu Cheng'en (People's Literature Publishing House, Beijing, 1955). And we've gathered valuable background material from Jim R. McClanahan's *Journey to the West Research Blog* (www.journeytothewestresearch.com).

And many thanks to the team at Next Mars Media for their terrific illustrations, Jean Agapoff for her careful proofreading, and Junyou Chen for his wonderful audiobook narration.

Audiobook

A complete Chinese language audio version of this book is available free of charge. To access it, go to YouTube.com and search for the Imagin8 Press channel. There you will find free audiobooks for this and all the other books in this series.

You can also visit our website, www.imagin8press.com, to find a direct link to the YouTube audiobook, as well as information about our other books.

Preface

Here's a summary of the events of the previous books in the Journey to the West *series. The numbers in brackets indicate in which book in the series the events occur.*

Thousands of years ago, in a magical version of ancient China, a small stone monkey is born on Flower Fruit Mountain. Hatched from a stone egg, he spends his early years playing with other monkeys. They follow a stream to its source and discover a secret room behind a waterfall. This becomes their home, and the stone monkey becomes their king. After several years the stone monkey begins to worry about the impermanence of life. One of his companions tells him that certain great sages are exempt from the wheel of life and death. The monkey goes in search of these great sages, meets one and studies with him, and receives the name Sun Wukong. He develops remarkable magical powers, and when he returns to Flower Fruit Mountain he uses these powers to save his troop of monkeys from a ravenous monster. *[Book 1]*

With his powers and his confidence increasing, Sun Wukong manages to offend the underwater Dragon King, the Dragon King's mother, all ten Kings of the Underworld, and the great Jade Emperor himself. Finally, goaded by a couple of troublemaking demons, he goes too far, calling himself the Great Sage Equal to Heaven and sets events in motion that cause him some serious trouble. *[Book 2]*

Trying to keep Sun Wukong out of trouble, the Jade Emperor gives him a job in heaven taking care of his Garden of Immortal Peaches, but the monkey cannot stop himself from eating all the peaches. He impersonates a great Immortal and crashes a party in Heaven, stealing the guests' food and drink and barely escaping to his loyal troop of monkeys back on

Earth. In the end he battles an entire army of Immortals and men, and discovers that even calling himself the Great Sage Equal to Heaven does not make him equal to everyone in Heaven. As punishment, the Buddha himself imprisons him under a mountain. *[Book 3]*

Five hundred years later, the Buddha decides it is time to bring his wisdom to China, and he needs someone to lead the journey. A young couple undergo a terrible ordeal around the time of the birth of their child Xuanzang. The boy grows up as an orphan but at age eighteen he learns his true identity, avenges the death of his father and is reunited with his mother. Xuanzang will later fulfill the Buddha's wish and lead the journey to the west. *[Book 4]*

Another storyline starts innocently enough, with two good friends chatting as they walk home after eating and drinking at a local inn. One of the men, a fisherman, tells his friend about a fortuneteller who advises him on where to find fish. This seemingly harmless conversation between two minor characters triggers a series of events that eventually costs the life of a supposedly immortal being and causes the great Tang Emperor himself to be dragged down to the underworld. He is released by the Ten Kings of the Underworld but is trapped in hell and only escapes with the help of a deceased courtier. *[Book 5]*

Barely making it back to the land of the living, the Emperor selects the young monk Xuanzang to undertake the journey, after being influenced by the great bodhisattva Guanyin. The young monk sets out on his journey. After many difficulties his path crosses that of Sun Wukong, and the monk releases him from his prison under a mountain. Sun Wukong becomes the monk's first disciple. *[Book 6]*

As their journey gets underway, they acquire three more

companions. First, a mysterious river-dwelling dragon who transforms into a white horse. *[Book 7]* Next, the pig-man Zhu Bajie, the embodiment of stupidity, laziness, lust and greed. In his previous life, Zhu was the Marshal of the Heavenly Reeds, but the Jade Emperor banished him to earth. He plunged from heaven to earth, ended up in the womb of a sow, was reborn as a man-eating pig monster, married to a farmer's daughter, fought with Sun Wukong, and ended up joining and becoming the monk's second disciple. *[Book 8]* And finally they meet Sha Wujing, who was once the Curtain Raising Captain but was banished from heaven by the Yellow Emperor for breaking an extremely valuable cup during a drunken visit to the Peach Festival. *[Book 9]*

As they travel westward, Heaven puts obstacles in their path. They arrive at a secluded mountain monastery which turns out to be the home of a powerful master Zhenyuan and an ancient and magical ginseng tree. As usual, the travelers' search for a nice hot meal and a place to sleep quickly turns into a disaster. *[Book 10]*

Next, Tangseng and his band of disciples come upon a strange pagoda in a mountain forest. Inside they discover the fearsome Yellow Robed Monster who is living a quiet life with his wife and their two children. Unfortunately the monster has a bad habit of ambushing and eating travelers. The travelers find themselves drawn into a story of timeless love and complex lies as they battle for survival against the monster and his allies. *[Book 11]*

The travelers arrive at level Top Mountain and encounter their most powerful adversaries yet: Great King Golden Horn and his younger brother Great King Silver Horn. These two monsters, assisted by their elderly mother and hundreds of well-armed demons, attempt to capture and liquefy Sun

Wukong, and eat the Tang monk and his other disciples. *[Book 12]*

Resuming their journey the monk and his disciples stop to rest at a mountain monastery in Black Rooster Kingdom. Tangseng is visited in a dream by someone claiming to be the ghost of a murdered king. Is he telling the truth or is he actually a demon in disguise? Sun Wukong offers to sort things out with his iron rod. But things do not go as planned. *[Book 13]*

Tangseng and his three disciples encounter a young boy hanging upside down from a tree. They rescue him only to discover that he is really Red Boy, a powerful and malevolent demon and, it turns out, Sun Wukong's nephew. The three disciples battle the demon but soon discover that he can produce deadly fire and smoke which nearly kills Sun Wukong. *[Book 14]*

Leaving Red Boy with the bodhisattva Guanyin, the travelers continue to the wild country west of China. They arrive at a strange city where Daoism is revered and Buddhism is forbidden. Sun Wukong gleefully causes trouble in the city, and finds himself in a series of deadly competitions with three Daoist Immortals. *[Book 15]*

Later, the travelers encounter a series of dangerous demons and monsters, including the Great Demon King who demands two human sacrifices each year *[Book 16]*, and a monster who uses a strange and powerful weapon to disarm and defeat the disciples. *[Book 17]*

Springtime comes and the travelers run into difficulties and temptations in a nation of women and girls. Tangseng and Zhu become pregnant after drinking from the Mother and Child River. Then Tangseng is kidnapped by a powerful female demon who takes him to her cave and tries to seduce him.

[Book 18]

Continuing their journey, Tangseng has harsh words for the monkey king Sun Wukong. His pride hurt, Sun Wukong complains to the Bodhisattva Guanyin and asks to be released from his service to the monk. She refuses his request. This leads to a case of mistaken identity and an earthshaking battle. *[Book 19]* Then the travelers find their path blocked by a huge blazing mountain eight hundred miles wide. Tangseng refuses to go around it, so Sun Wukong must discover why the mountain is burning and how they can cross it. *[Book 20]*

Three years after an evil rainstorm of blood covers a city and defiles a beautiful Buddhist monastery, Tangseng and his three disciples arrive. This leads to an epic underwater confrontation with the All Saints Dragon King and his family. And later, Tangseng is trapped in a vast field of brambles by a group of poetry loving but extremely dangerous nature spirits. *[Book 21]*

Later, Tangseng sees a sign, "Small Thunderclap Monastery," and foolishly thinks they have reached their goal. Sun Wukong sees through the illusion, but the false Buddha in the monastery traps him between two gold cymbals and plans to kill his companions. Escaping that, the travelers find their path blocked by a giant snake and a huge pile of slimy and foul-smelling rotting fruit. *[Book 22]*

Continuing on their journey, they meet the king of Scarlet Purple Kingdom. The king is gravely ill, sick with grief over the loss of one of his wives who was abducted by a nearby demon king. Sun Wukong pretends to be a doctor and attempts to cure the king with a treatment not found in any medical textbook. Then he goes to rescue the imprisoned queen, leading to an earth-shaking confrontation with the demon king. *[Book 23]*

Tangseng goes alone to beg some food at the home of some beautiful and seemingly gentle young women. He soon finds out that they are far from gentle. Trapped in their web, he waits to be cooked and eaten while his three disciples attempt to rescue him by confronting the spider demons, a horde of biting insects, and a mysterious Daoist alchemist. *[Book 24]*

Later, the travelers meet a trio of powerful demons: a blue-haired lion, an old yellow-tusked elephant, and a huge terrifying bird called Great Peng. They try but fail to defeat the three demons. Finally, with nowhere else to turn, Sun Wukong goes to Spirit Mountain to beg help from the Buddha himself. *[Book 25]*

Tangseng and his disciples arrive at the capital of Bhiksu Kingdom and see a thousand little boys locked in cages in front of their homes. Sun Wukong arranges to get them safely out of the city. Then he and the others unravel a plot devised by two demons who, disguised as a Daoist master and his lovely daughter, have beguiled the king. They must defeat the demon, release the king from his spell, and save the children. *[Book 26]*

Walking through a forest, Tangseng sees a young woman tied to a tree. Ignoring Sun Wukong's warning, he rescues her. But he soon discovers that she is a powerful mouse demon with a taste for human flesh and a desire to marry the monk. *[Book 27]*

Tangseng ignores a warning from the Bodhisattva Guanyin and finds himself in a city where the king has vowed to kill ten thousand Buddhist monks and has already finished off 9,996. The travelers desperately try to avoid being the final four. *[Book 28]*

Barely escaping with their lives, they continue traveling west…

The Nine Headed Lion
九头狮子

Dì 87 Zhāng

Wǒ qīn'ài de háizi, tīng tīng zhèxiē huà!

Dàdào shēn cáng bú lù

Tā kě dà, tā kě xiǎo

Tā de gùshì xiàhuài le shén hé guǐ

Tā wéizhe tiān hé dì

Tā fēnkāi hēi'àn hé guāngmíng

Tā gěi shìjiè dàilái xìngfú

Líng Jiù Shān qián

Zhēnzhū hé zhūbǎo chūxiàn

Tāmen fāchū wǔsè guāngliàng

Tāmen zhào liàng tiān hé dì

Nàxiē zhīdào tā de rén huì xiàng shān hé hǎi yíyàng cháng mìng

Nǐ hái jìdé, zài wǒmen shàng yígè gùshì zhōng, Tángsēng hé yígè kǎnmù rén bèi yígè jiào Nánshān Dàwáng de móguǐ zhuāzhù. Tāmen bèi

第 87 章

我亲爱的孩子，听听这些话！

> 大道深藏不露
>
> 它可大，它可小
>
> 它的故事吓坏了神和鬼
>
> 它围着天和地
>
> 它分开黑暗和光明
>
> 它给世界带来幸福
>
> 灵鹫山[1]前
>
> 珍珠和珠宝出现
>
> 它们发出五色光亮
>
> 它们照亮天和地
>
> 那些知道它的人会像山和海一样长命

你还记得，在我们上一个故事中，唐僧和一个砍木人被一个叫南山大王的魔鬼抓住。他们被

---

[1] Vulture Mountain, also known as Holy Eagle Mountain, was the Buddha's favorite retreat in the ancient city of Rajagriha (now called Rajgir) in northeastern India. He gave many famous sermons there, including the Heart Sutra which appears in this book.

Tángsēng de sān gè túdì jiù le chūlái: Hóu wáng Sūn Wùkōng, zhū rén Zhū Bājiè, ānjìng de dà gèzi Shā Wùjìng.

Bèi jiù hòu, sì míng yóurén jìxù xiàng xī zǒu qù. Jǐ tiān hòu, tāmen láidào le yígè wéizhe gāo qiáng de dàchéng.

"Wùkōng," Tángsēng shuō, "wǒmen dào Yìndù le ma?"

"Méiyǒu," tā huídá shuō. "Fózǔ zhù zài Yìndù de Léiyīn Sì. Tā zài yízuò míng wèi Líng Jiù Shān de dàshān shàng, nàlǐ méiyǒu chéngshì. Dàn wǒ xiǎng wǒmen lí Yìndù biānjiè hěn jìn le."

Tāmen jìn le chéng. Tángsēng cóng mǎ shàng xiàlái. Tāmen zǒuguò jiēdào. Kàndào nàlǐ de rén kànqǐlái dōu hěn è, hěn qióng. Tāmen chuānzhe hēisè de yīfú. Hěnkuài, tāmen zǒu dào le yìqún zhàn zài lùshàng de guānyuán nàlǐ. Dāng yóurénmen zǒu jìn shí, guānyuánmen méiyǒu dòng, Zhū jiù hǎn dào, "Ràng kāi!"

Zhè xiàhuài le guānyuánmen. Qízhōng yìrén jūgōng shuō, "Nǐmen shì shuí, nǐmen cóng nǎlǐ lái?"

Tángsēng xiǎngyào bìkāi máfan, huídá shuō, "Wǒ shì Táng huángdì sònglái de héshang, qù Léiyīn Shān bài fózǔ, bǎ shèng shū dài huí Táng dì

唐僧的三个徒弟救了出来：猴王孙悟空、猪人猪八戒、安静的大个子沙悟净。

被救后，四名游人继续向西走去。几天后，他们来到了一个围着高墙的大城。

"悟空，"唐僧说，"我们到印度了吗？"

"没有，"他回答说。"佛祖住在印度的雷音寺。它在一座名为灵鹫山的大山上，那里没有城市。但我想我们离印度边界很近了。"

他们进了城。唐僧从马上下来。他们走过街道。看到那里的人看起来都很饿、很穷。他们穿着黑色的衣服。很快，他们走到了一群站在路上的官员那里。当游人们走近时，官员们没有动，猪就喊道，"让开！"

这吓坏了官员们。其中一人鞠躬说，"你们是谁，你们从哪里来？"

唐僧想要避开麻烦，回答说，"我是唐皇帝送来的和尚，去雷音山拜佛祖，把圣书带回唐帝

guó. Wǒmen de lǚtú ràng wǒmen lái dào le guì dì. Wǒmen xīwàng búyào yīnwèi wǒmen jìn dào nǐmen de chéngshì ràng nǐmen gǎndào xiūrù."

Nà wèi guānyuán shuō, "Zhèshì Fèngxiān, zài Yìndù dōngbù de biānjiè. Wǒmen zhè lǐ yǒu hǎo jǐ nián méiyǒu xià yǔ le. Jùnhóu ràng wǒmen guà chū zhège zì pái." Tā jǔqǐ yígè dà zì pái. Yóurénmen dōu kànzhe zì pái. Zì pái shàng shuō,

> Fèngxiān jùnhóu Shàngguān zhèngzài zhǎo yí wèi kāi wù de fófǎ dàshī lái bāngzhù wǒmen. Wǒmen yǐjīng hěnduō nián méiyǒu xiàyǔ le. Héliú gān le, jǐng lǐ méiyǒu shuǐ. Yǒuqián rén yǒu hěn shǎo de dōngxi kěyǐ chī, qióngrén zhèngzài sǐqù. Yí dàn mǐ yào yìbǎi yín. Nǚhái bèi mài sān shēng mǐ, nánhái bèi sòng gěi rènhé yuànyì jiēshòu tāmen de rén. Yǒu qián rén màidiào dōngxi lái mǎi chīde dōngxi, qióngrén chéngwéi qiángdào hé xiǎotōu. Wǒ zhèngzài zhǎo yí wèi yǒu zhìhuì de rén qiú yǔ, bāngzhù zhège chéngshì de rénmen. Rúguǒ nǐ néng dàilái yǔshuǐ, nǐ huì dédào yìqiān yín. Wǒ chéngnuò wǒ shuōde huà!

国。我们的旅途让我们来到了贵地。我们希望不要因为我们进到你们的城市让你们感到羞辱。"

那位官员说，"这是凤仙，在印度东部的边界。我们这里有好几年没有下雨了。郡侯[2]让我们挂出这个字牌。"他举起一个大字牌。游人们都看着字牌。字牌上说，

凤仙郡侯上官正在找一位开悟的佛法大师来帮助我们。我们已经很多年没有下雨了。河流干了，井里没有水。有钱人有很少的东西可以吃，穷人正在死去。一担米要一百银。女孩被卖三升[3]米，男孩被送给任何愿意接受他们的人。有钱人卖掉东西来买吃的东西，穷人成为强盗和小偷。我正在找一位有智慧的人求雨，帮助这个城市的人们。如果你能带来雨水，你会得到一千银。我承诺我说的话！

---

[2] 郡侯　　jùn hóu – prefect (magistrate or regional governor)
[3] 升　　　shēng – a traditional unit of volume equal to 100 liters, about 26 gallons. Other volume measures include 市斗 (shì dǒu, 10 liters), 市升 (shì shēng, 1 liter), 合 (gě, 100 ml), 勺 (sháo, 10 ml), and 撮 (cuō, 1 ml).

Tángsēng duì tā de túdìmen shuō, "Rúguǒ nǐmen zhōng yǒurén zhīdào zěnme dàilái yǔshuǐ, jiù qù nàyàng zuò, jiù jiù zhèxiē rén. Rúguǒ nǐmen bù zhīdào, nà wǒmen jiù bìxū zǒu wǒmen de lù."

Sūn Wùkōng wèn, "Xià yǔ hěn nán ma? Wǒ kěyǐ bǎ héliú fān guòlái. Wǒ kěyǐ zhuǎn xīng bān shān. Wǒ kěyǐ tī tiānkōng, tuī yuèliang. Xiàyǔ hěn róngyì."

Liǎng míng guānyuán tīngdào le zhè huà. Tāmen pǎo qù gàosù jùnhóu, "Dàrén, wǒmen bǎ nǐ xiěde zì pái dài qù jíshì shàng. Wǒmen yùdào sì gè héshang. Tāmen shuō, tāmen láizì dōngfāng de Táng dìguó, zhèng qiánwǎng Léiyīn Shān bàifó. Tāmen shuō tāmen kěyǐ dàilái yǔshuǐ!"

Jùnhóu cóng tā de yǐzi shàng tiào le qǐlái. Tā méiyǒu děng jiàozi, kuài kuài de zǒu qù jíshì. Tā zǒu dào Tángsēng hé tā desān gè chǒu túdì miànqián. Tā yìdiǎn dōu bú pà, kòutóu shuō, "Wǒ shì Shàngguān, zhège chéngshì de jùnhóu. Wǒ qiú nǐmen bāngmáng qiú yǔ lái jiù zhèxiē rén."

Tángsēng jūgōng shuō, "Xiānshēng, wǒmen bùnéng zài jiē shàng shuōhuà.

唐僧对他的徒弟们说，"如果你们中有人知道怎么带来雨水，就去那样做，救救这些人。如果你们不知道，那我们就必须走我们的路。"

孙悟空问，"下雨很难吗？我可以把河流翻过来。我可以转星搬山。我可以踢天空，推月亮。下雨很容易。"

两名官员听到了这话。他们跑去告诉郡侯，"大人，我们把你写的字牌带去集市上。我们遇到四个和尚。他们说，他们来自东方的唐帝国，正前往雷音山拜佛。他们说他们可以带来雨水！"

郡侯从他的椅子上跳了起来。他没有等轿子，快快地走去集市。他走到唐僧和他的三个丑徒弟面前。他一点都不怕，叩头说，"我是上官，这个城市的郡侯。我求你们帮忙求雨来救这些人。"

唐僧鞠躬说，"先生，我们不能在街上说话。

Qǐng dài wǒmen qù sìmiào."

Jùnhóu dài tāmen huí dào tā zhù de dìfāng. Tā mìnglìng gěi kèrén sòng chá hé sùshí. Shíwù sònglái hòu, tāmen dōu chī le, dàn Zhū chī dé xiàng yì zhī hěn è de lǎohǔ. Púrén sònglái le yì wǎn yòu yì wǎn de tāng, yì pán yòu yì pán de mǐfàn. Zhōngyú, tā chībǎo le, bú zài chī le.

Chī wán fàn hòu, Tángsēng wèn jùnhóu wèishénme méiyǒu xiàyǔ. Jùnhóu huídá shuō, "Zhèlǐ yǐjīng sān nián méiyǒu xià yǔ le. Cǎo bù zhǎng, wǔgǔ dōu sǐ le. Xiànzài sān fēn zhī èr de rén dōu yǐjīng sǐ le. Duì shèngxià de rén lái shuō, tāmen de shēnghuó jiù xiàng fēng zhōng làzhú de huǒyàn. Nǐ lái dào wǒmen zhèlǐ, shì wǒmen de yùnqì. Rúguǒ nǐ néng dài lái yí cùn yǔshuǐ, nǐ jiù huì dédào yì qiān gè yín bì."

Sūn Wùkōng xiào dào, "Rúguǒ nǐ gěi wǒmen yínzi, nǐ yì dī yǔ dōu dé bú dào. Dàn rúguǒ nǐ yǒu tóngqíng xīn, zūn fó, lǎo hóuzi huì gěi nǐ dàilái yì chǎng dàyǔ."

"Dāngrán," jùnhóu huídá shuō, xiàng tā jūgōng. "Wǒ yǒngyuǎn

请带我们去寺庙。"

郡侯带他们回到他住的地方。他命令给客人送茶和素食。食物送来后,他们都吃了,但猪吃得像一只很饿的老虎。仆人送来了一碗又一碗的汤,一盘又一盘的米饭。终于,他吃饱了,不再吃了。

吃完饭后,唐僧问郡侯为什么没有下雨。郡侯回答说,"这里已经三年没有下雨了。草不长,五谷都死了。现在三分之二的人都已经死了。对剩下的人来说,他们的生活就像风中蜡烛的火焰。你来到我们这里,是我们的运气。如果你能带来一寸雨水,你就会得到一千个银币。"

孙悟空笑道,"如果你给我们银子,你一滴雨都得不到。但如果你有同情[4]心,尊佛,老猴子会给你带来一场大雨。"

"当然,"郡侯回答说,向他鞠躬。"我永远

---

4 同情　　tóngqíng – compassion, pity

bú huì duì zhèxiē shìqing zhìzhībùlǐ."

Sūn Wùkōng zhàn le qǐlái, shuō le xiē mó yǔ. Bùjiǔ, yì duǒ hēi yún chūxiàn zài dōngbiān, yìzhí lái dào fáng qián. Zhè shì dōnghǎi lǎo lóng Áoguǎng. Áoguǎng biàn chéng rén de yàngzi, zǒu dào hóuzi miànqián. Tā jūgōng wèn dào, "Dà shèng, nǐ wèishénme yào ràng zhè tiáo kělián de lóng guòlái?"

"Qǐng qǐlái, wǒ de péngyǒu," Sūn Wùkōng shuō. "Xièxiè nǐ lái zhèlǐ. Zhège dìfāng yǐjīng sān nián méiyǒu xiàyǔ le. Nǐ néng xià diǎn yǔ ma?"

Áoguǎng huídá shuō, "Wǒ dāngrán kěyǐ xiàyǔ, dàn rúguǒ méiyǒu tiānshàng de mìnglìng, wǒ shì bù gǎn xiàyǔ de. Lìngwài, wǒ bìxū yǒu wǒ tiānshàng de zhànshì zài zhèlǐ bāngzhù wǒ. Xiànzài wǒ yào huí dào dōnghǎi qù jiào wǒ de zhànshì. Nǐ bìxū qù tiāngōng. Qiú Yùhuáng Dàdì mìnglìng xià yǔ, qiú guānyuán fàng lóng chūlái. Nàyàng wǒ jiù huì zhào huángdì de mìnglìng xiàyǔ."

Áoguǎng huí dào le dàhǎi. Sūn Wùkōng ràng Zhū, Shā shǒuwèi Tángsēng.

不会对这些事情置[5]之不理。"

孙悟空站了起来,说了些魔语。不久,一朵黑云出现在东边,一直来到房前。这是东海老龙敖广。敖广变成人的样子,走到猴子面前。他鞠躬问道,"大圣,你为什么要让这条可怜的龙过来?"

"请起来,我的朋友,"孙悟空说。"谢谢你来这里。这个地方已经三年没有下雨了。你能下点雨吗?"

敖广回答说,"我当然可以下雨,但如果没有天上的命令,我是不敢下雨的。另外,我必须有我天上的战士在这里帮助我。现在我要回到东海去叫我的战士。你必须去天宫。求玉皇大帝命令下雨,求官员放龙出来。那样我就会照皇帝的命令下雨。"

敖广回到了大海。孙悟空让猪、沙守卫唐僧。

---

5 置　　zhì – to put, to place. 置之不理 (zhìzhībùlǐ) means to ignore, to turn one's back.

Ránhòu tā xiāoshī le.

"Hóuzi qù nǎ'er le?" Xiàhuài le de jùnhóu wèn.

"Tā qí yún shàng le tiāngōng," Zhū xiàozhe huídá shuō.

Ránhòu, jùnhóu mìnglìng chéng lǐ suǒyǒu de rén bài lóng. Tā hái ràng tāmen bǎ liǔ zhī fàng zài guànzi lǐ de qīngshuǐ lǐ, fàng zài tāmen de dàmén qián.

Sūn Wùkōng lái dào le xītiān mén. Yùjiàn le Hù Guó Tiānwáng. Tā duì tiānwáng shuō, "Wǒ hé shīfu yǐjīng dào le Yìndù biānjiè de Fèngxiān chéng. Nàlǐ yǐjīng sān nián méiyǒu xiàyǔ le. Wǒ ràng lóngwáng Áoguǎng lái xiàyǔ, dàn tā gàosù wǒ, méiyǒu Yùhuáng Dàdì de mìnglìng, tā shì bùnéng nàyàng zuò de."

Hù Guó Tiānwáng dǎkāi le dàmén. Sūn Wùkōng guò le dà mén, fēi xiàng Tōngmíng Diàn, zài nàlǐ tā yùdào le sì wèi tiānshàng de lǎoshī. Tā xiàng sì wèi lǎoshī jiǎng le tóngyàng de gùshì. Qízhōng yí wèi lǎoshī shuō, "Dàn nàlǐ bù yīnggāi xiàyǔ!"

"Kěnéng shì, kěnéng búshì. Dàn qǐng ràng wǒ zìjǐ wèn wèn Yùhuáng Dàdì."

Sì wèi lǎoshī bǎ Sūn Wùkōng dài dào le Líng Xiāo Diàn. Tāmen duì Yùhuáng

然后他消失了。

"猴子去哪儿了?"吓坏了的郡侯问。

"他骑云上了天宫,"猪笑着回答说。然后,郡侯命令城里所有的人拜龙。他还让他们把柳枝放在罐子里的清水里,放在他们的大门前。

孙悟空来到了西天门。遇见了护国天王。他对天王说,"我和师父已经到了印度边界的凤仙城。那里已经三年没有下雨了。我让龙王敖广来下雨,但他告诉我,没有玉皇大帝的命令,他是不能那样做的。"

护国天王打开了大门。孙悟空过了大门,飞向通明殿,在那里他遇到了四位天上的老师。他向四位老师讲了同样的故事。其中一位老师说,"但那里不应该下雨!"

"可能是,可能不是。但请让我自己问问玉皇大帝。"

四位老师把孙悟空带到了灵霄殿。他们对玉皇

Dàdì shuō, "Bìxià, Sūn Wùkōng yǐjīng dào le Yìndù biānjiè de Fèngxiān chéng. Tā xiǎng ràng nàlǐ xiàyǔ."

Yùhuáng Dàdì duì Sūn Wùkōng shuō, "Sān nián qián, shí'èr yuè èrshíwǔ rì, zhèn yóu zǒu Sānjiè. Zhèn lái dào le Fèngxiān chéng. Zhèn jiàndào le Shàngguān jùnhóu. Zhèn kàndào tā dǎfān le tiānshàng de jìpǐn, bǎ tāmen wèi le gǒu. Ránhòu tā shuō zhèn de huàihuà. Zhèng yīnwèi nàyàng, zhèn zài Pī Xiāng Diàn lǐ shèzhì le sān yàng dōngxi." Tā zhuǎnxiàng sì wèi lǎoshī, shuō, "Dài Sūn Wùkōng qù kàn kàn zhè sān yàng dōngxi." Ránhòu tā duì Sūn Wùkōng shuō, "Dāng jùnhóu zhào zhèn de yāoqiú zuò le, zhèn jiù xià mìnglìng. Zài nà zhīqián, guānxīn nǐ zìjǐ de shì ba."

Sì wèi lǎoshī dàizhe hóuzi lái dào Pī Xiāng Diàn. Tā kàndào le sān yàng dōngxi. Zuǒbiān shì yí zuò yì bǎi chǐ gāo de Mǐ Shān. Shān biān yǒu yì zhī quántóu dàxiǎo de jī, bùshí de chī yìdiǎn mǐ. Zhōngjiān shì yí zuò liǎng bǎi chǐ gāo de Mmiàn Shān. Shān biān yǒu yì zhī jīnsè máofǎ de xiǎo gǒu, bùshí de yòng shétou tiǎn miàntiáo. Yòubiān shì yí gè shíwǔ cùn zuǒyòu gāo de jīnsè dà guàsuǒ. Tā guà zài tiě bàng shàng. Guàsuǒ zhèng

大帝说,"陛下,孙悟空已经到了印度边界的凤仙城。他想让那里下雨。"

玉皇大帝对孙悟空说,"三年前,十二月二十五日,朕游走三界。朕来到了凤仙城。朕见到了上官郡侯。朕看到他打翻了天上的祭品,把它们喂了狗。然后他说朕的坏话。正因为那样,朕在披香殿里设置⁶了三样东西。"他转向四位老师,说,"带孙悟空去看看这三样东西。"然后他对孙悟空说,"当郡侯照朕的要求做了,朕就下命令。在那之前,关心你自己的事吧。"

四位老师带着猴子来到披香殿。他看到了三样东西。左边是一座一百尺高的米山。山边有一只拳头大小的鸡,不时⁷地吃一点米。中间是一座两百尺高的面山。山边有一只金色毛发的小狗,不时地用舌头舔面条。右边是一个十五寸左右高的金色大挂锁。它挂在铁棒上。挂锁正

---

6 设置　shèzhì – to set up
7 不时　bùshí – occasionally

xiàfāng shì yì gēn xiǎo làzhú. Làzhú de huǒyàn gānghǎo pèngdào guàsuǒ de dǐbù.

Sūn Wùkōng bù míngbai zìjǐ kàndào de dōngxi shì shénme. "Zhè shì shénme?" tā wèn lǎoshīmen.

"Yùhuáng Dàdì zài kàndào jùnhóu zuò de shì hòu, jiù shèzhì le zhège. Dāng jī chī wán le suǒyǒu de mǐ, dāng gǒu chī wán le suǒyǒu de miàntiáo, dāng dēnghuǒ huà le suǒ, Fèngxiān jiù huì xiàyǔ."

Sūn Wùkōng de liǎn biàn dé hěn bái. Tā shénme yě méi shuō. Tā zhuǎnshēn líkāi dàdiàn. "Dà shèng, búyào nánguò," yí wèi lǎoshī shuō. "Rúguǒ jùn hóu yǒu réncí hé shànliáng de xiǎngfǎ, Mǐ Shān hé Miàn Shān jiù huì dǎo, suǒ jiù huì duàn. Kěnéng nǐ kěyǐ ràng jùnhóu zǒu zài réncí hé shànliáng de dào shàng."

Sūn Wùkōng hěnkuài fēi huí le jùnhóu nàlǐ. Tā jìn le tā de bàngōngshì. Xǔduō rén wéi zài tā sìzhōu, wèn tā wèntí. Tā méiyǒu lǐ tāmen. Tā duì jùnhóu hǎn dào, "Nǐ zhīdào wèishénme zhèlǐ méiyǒu yǔ ma? Zhè shì yīnwèi sān nián qián, shí'èr yuè èrshíwǔ rì, nǐ zuò le yí jiàn ràng tiāndì fènnù de shìqing. Zhè jiùshì wèishénme

下方是一根小蜡烛。蜡烛的火焰刚好碰到挂锁的底部。

孙悟空不明白自己看到的东西是什么。"这是什么?"他问老师们。

"玉皇大帝在看到郡侯做的事后,就设置了这个。当鸡吃完了所有的米,当狗吃完了所有的面条,当灯火化了锁,凤仙就会下雨。"

孙悟空的脸变得很白。他什么也没说。他转身离开大殿。"大圣,不要难过,"一位老师说。"如果郡侯有仁慈和善良[8]的想法,米山和面山就会倒,锁就会断。可能你可以让郡侯走在仁慈和善良的道上。"

孙悟空很快飞回了郡侯那里。他进了他的办公室。许多人围在他四周,问他问题。他没有理他们。他对郡侯喊道,"你知道为什么这里没有雨吗?这是因为三年前,十二月二十五日,你做了一件让天地愤怒的事情。这就是为什么

---

[8] 善良　shànliáng – goodness

méiyǒu yǔ, zhè jiùshì wèishénme zhèlǐ de rénmen zài shòudào tòngkǔ. Nǐ wèishénme yào dǎfān tiānshàng de jìpǐn, bǎ tāmen wèi le gǒu?"

Jùnhóu shuō, "Shì de. Nàtiān, wǒ zhèngzài zhǔnbèi gěi tiānshàng de jìpǐn. Wǒ hé qīzi zhēnglùn le qǐlái. Zài fènnù zhōng, wǒ tuīdǎo le jìpǐn zhuō. Shíwù diào zài dìshàng. Wǒ ràng gǒu chī le shíwù. Wǒ bù zhīdào tiānshàng huì zhīdào zhè jiàn shì. Qǐngwèn, wǒ xiànzài gāi zěnme bàn?"

"Yùhuáng Dàdì zài tiānshàng de Pī Xiāng Diàn lǐ shèzhì le sān yàng dōngxi. Yǒu yí zuò Mǐ Shān, yì zhī xiǎo jī bùshí de chī yìdiǎn mǐ. Yǒu yí zuò Miàn Shān, yì zhī xiǎo gǒu bùshí de chī yìdiǎn miàn. Hái yǒu yì bǎ suǒ, xiàmiàn yǒu yì gēn làzhú zài ránshāo. Dāng jī chī wán suǒyǒu de mǐ, gǒu chī wán suǒyǒu de miàntiáo, làzhú shāo duàn suǒ de shíhòu, zhèlǐ jiù huì xiàyǔ."

Zhū shuō, "Gēge, méi wèntí. Dài wǒ qù ba. Wǒ kěyǐ chīdiào suǒyǒu de mǐfàn hé miàntiáo, wǒ kěyǐ dǎ huài suǒ."

"Bié zhème bèn le," Sūn Wùkōng huídá. "Zhèshì huángdì ānpái de. Nǐ bùnéng zǒu jìn nàge dìfāng."

没有雨,这就是为什么这里的人们在受到痛苦。你为什么要打翻天上的祭品,把它们喂了狗?"

郡侯说,"是的。那天,我正在准备给天上的祭品。我和妻子争论了起来。在愤怒中,我推倒了祭品桌。食物掉在地上。我让狗吃了食物。我不知道天上会知道这件事。请问,我现在该怎么办?"

"玉皇大帝在天上的披香殿里设置了三样东西。有一座米山,一只小鸡不时地吃一点米。有一座面山,一只小狗不时地吃一点面。还有一把锁,下面有一根蜡烛在燃烧。当鸡吃完所有的米,狗吃完所有的面条,蜡烛烧断锁的时候,这里就会下雨。"

猪说,"哥哥,没问题。带我去吧。我可以吃掉所有的米饭和面条,我可以打坏锁。"

"别这么笨了,"孙悟空回答。"这是皇帝安排的。你不能走近那个地方。"

"Nà wǒmen gāi zěnme bàn ne?" Tángsēng wèn.

Sūn Wùkōng duì jùnhóu shuō, "Dàrén, tāmen gàosù wǒ, rúguǒ nǐ de xīn zhuǎnxiàng shànliáng, wèntí jiù huì dédào jiějué. Rúguǒ nǐ bú nàyàng, nàme nǐ de shēngmìng jiù méiyǒu bànfǎ déjiù."

Jùnhóu guì zài dìshàng shuō, "Wěidà de lǎoshī, wǒ huì zhào nǐ shuō de qù zuò." Ránhòu, tā mìnglìng suǒyǒu fójiào hé dàojiào héshang zhǔnbèi tāmen de diǎnlǐ. Tā dàizhe tā de rénmen shāoxiāng bàifó. Tā qǐng Tángsēng niànjīng. Tā yāoqiú měi gè jiātíng dōu yào shāoxiāng bàifó.

Guò le jǐ tiān, Sūn Wùkōng juédé shì shíhòu huí tiāngōng le. Tā ràng Zhū hé Shā zhàogù Tángsēng. Ránhòu tā zhí fēi xiàng xītiān mén. Tā duì Hù Guó Tiānwáng shuō, "Jùnhóu yǐjīng huí dào le zhèngquè de dàoshàng. Guò le yīhuǐ'er, jǐ wèi sòngxìn rén lái le, dài lái le fójiào hé dàojiào héshang xiě de xìn. Tiānwáng ràng sòngxìn rén bǎ xìn dài gěi Tōngmíng Diàn lǐ de Yùhuáng Dàdì."

Sūn Wùkōng yào gēnzhe sòngxìn rén, dàn Hù Guó Tiānwáng zǔzhǐ le tā, shuō, "Dà shèng, nǐ bù xūyào zài qù jiàn Yùhuáng Dàdì le. Nǐ yīnggāi qù Jiǔtiān Yìng Yuán Fǔ. Zài nàlǐ nǐ kěyǐ jiè yìxiē léi

"那我们该怎么办呢？"唐僧问。

孙悟空对郡侯说，"大人，他们告诉我，如果你的心转向善良，问题就会得到解决。如果你不那样，那么你的生命就没有办法得救。"

郡侯跪在地上说，"伟大的老师，我会照你说的去做。"然后，他命令所有佛教和道教和尚准备他们的典礼。他带着他的人们烧香拜佛。他请唐僧念经。他要求每个家庭都要烧香拜佛。

过了几天，孙悟空觉得是时候回天宫了。他让猪和沙照顾唐僧。然后他直飞向西天门。他对护国天王说，"郡侯已经回到了正确的道上。"过了一会儿，几位送信人来了，带来了佛教和道教和尚写的信。天王让送信人把信带给通明殿里的玉皇大帝。

孙悟空要跟着送信人，但护国天王阻止了他，说，"大圣，你不需要再去见玉皇大帝了。你应该去九天应元府。在那里你可以借一些雷

shén."

Sūn Wùkōng tóngyì le. Tā qù le Jiǔtiān Yìng Yuán Fǔ. Tā duì nàlǐ de yí wèi guānyuán shuō, "Wǒ xiǎng jiàn jiàn Tiānzūn."

Tiānzūn lái dào fángjiān, xiàng Sūn Wùkōng wènhǎo. Hóuzi shuō, "Wǒ xiǎng qǐng nǐ bāngmáng. Wǒ zhèngzài bāngzhù Tángsēng xīxíng. Wǒmen lái dào le Fèngxiān chéng. Nàlǐ yǐjīng sān nián méiyǒu xiàyǔ le. Wǒ chéngnuòguò yào ràng nàlǐ xiàyǔ. Dànshì wǒ xūyào léishén de bāngzhù."

Tiānzūn huídá shuō, "Wǒ tīngshuō jùnhóu ràng Yùhuáng Dàdì hěn shēngqì, suǒyǐ huángdì yǐjīng shèzhì le sān jiàn dōngxi. Méiyǒu rén gàosù wǒ, yào zài nàlǐ xiàyǔ."

"Nà sān yàng dōngxi shì Mǐ Shān, Miàn Shān, jīn suǒ. Shèzhì hái zài, zài nàxiē dōngxi dǎo xià zhīqián, Fèngxiān bùnéng yǒu yǔ. Dàn sì wèi tiānshàng de lǎoshī gàosù wǒ, rúguǒ jùn hóu kāishǐ zài rénjiān zuò hǎoshì, shàngtiān huì bāngzhù tā. Hǎoshì kāishǐ zài Fèngxiān chéng lǐ chūxiàn. Wǒ xiāngxìn huángdì hěnkuài jiù huì xǔkě xiàyǔ. Zhè jiùshì wèishénme wǒ yào qǐng nǐmen léishén bāngmáng xiàyǔ."

"Hǎoba, dà shèng, nǐ kěyǐ yǒu sì gè léishén hé Shǎndiàn Niángzǐ."

神。"

孙悟空同意了。他去了九天应元府。他对那里的一位官员说,"我想见见天尊。"

天尊来到房间,向孙悟空问好。猴子说,"我想请你帮忙。我正在帮助唐僧西行。我们来到了凤仙城。那里已经三年没有下雨了。我承诺过要让那里下雨。但是我需要雷神的帮助。"

天尊回答说,"我听说郡侯让玉皇大帝很生气,所以皇帝已经设置了三件东西。没有人告诉我,要在那里下雨。"

"那三样东西是米山、面山、金锁。设置还在,在那些东西倒下之前,凤仙不能有雨。但四位天上的老师告诉我,如果郡侯开始在人间做好事,上天会帮助他。好事开始在凤仙城里出现。我相信皇帝很快就会许可下雨。这就是为什么我要请你们雷神帮忙下雨。"

"好吧,大圣,你可以有四个雷神和闪电娘子。"

Sūn Wùkōng dàizhe léishén hé Shǎndiàn Niángzǐ fēi huí Fèngxiān. Dāng tāmen jiējìn chéngshì shí, léishén kāishǐ yòng tāmen de mófǎ. Zhēnshì,

Shǎndiàn xiàng zǐjīn shé
Léi shēng xiàng bǎi wàn zhī shuìxǐng de chóng
Míngliàng de guāng xiàng fēi huǒyàn
Léi shēng zá suì shāndòng
Jiàn zhàoliàng tiānkōng
Shēng dòng dàdì
Hóng jīn jiàoxǐng le dìxià de zhǒngzi
Yáodòng sānqiān lǐ hé shān

Chénglǐ de rén dōu guìdǎo zài dìshàng, jǔzhe diǎnzháo de xiāng, shǒu ná liǔ zhī, shuō, "Wǒmen guīshùn fózǔ!"

Fèngxiān de bàofēngyǔ kāishǐ de shíhòu, sòngxìn rén zǒu jìn le Líng Xiāo Diàn, bǎ xìn gěi le Yùhuáng Dàdì. Huángdì kàn le xìn, ránhòu duì tā de guānyuán shuō, "Qù kàn kàn zhè sān jiàn dōngxi zěnme le." Guānyuánmen qù le Pī Xiāng Diàn, kàndào Mǐ Shān hé Miàn Shān dōu dǎo le, suǒ yě duàn le.

Jiù zài zhèshí, tǔdì shén hé chéng lǐ de shén jìnlái le. Tāmen xiàng

孙悟空带着雷神和闪电娘子飞回凤仙。当他们接近城市时，雷神开始用他们的魔法。真是，

　　闪电像紫金蛇
　　雷声像百万只睡醒的虫
　　明亮的光像飞火焰
　　雷声砸碎山洞
　　箭照亮天空
　　声动大地
　　红金叫醒了地下的种子
　　摇动三千里河山

城里的人都跪倒在地上，举着点着的香，手拿柳枝，说，"我们归顺佛祖！"

凤仙的暴风雨开始的时候，送信人走进了灵霄殿，把信给了玉皇大帝。皇帝看了信，然后对他的官员说，"去看看这三件东西怎么了。"官员们去了披香殿，看到米山和面山都倒了，锁也断了。

就在这时，土地神和城里的神进来了。他们向

huángdì jūgong shuō, "Wǒmen de jùnhóu hé chéngli de měi yí gè rén xiànzài dōu zài bài fó bài tiān. Qǐng tóngqíng tāmen, xiàyǔ jiù tāmen."

Yùhuáng Dàdì hěn gāoxìng. Tā shuō, "Ràng fēngshén, yún shén, yǔ shén dōu qù Fèngxiān chéng. Ràng yún zhēzhù tiānkōng, ràng léi páoxiào, xià sān chǐ sìshí'èr dī yǔ."

Kāishǐ xiàyǔ le. Hòu hòu de yún, hēisè de wù, léishēng lónglóng, léidiàn shǎnshuò. Yìqiān lǐ dì, yípiàn hēi'àn. Yǔshuǐ yānmò le hé hǎi. Tā qiāodǎzhe wūdǐng hé chuānghù. Tā yānmò le jiēdào. Gān de cǎo biàn lǜ le, kū shù kāishǐ zhǎng chū xīn de yèzi. Nóngtián lǐ de wǔgǔ yòu kāishǐ shēngzhǎng. Nóngfūmen qù nóngtián lǐ gōngzuò. Zhēn de shì, dāng fēng hé yǔ lái de shíhòu, rénmen shì xìngfú de. Dāng héliú hé dàhǎi ānjìng de shíhòu, shìjiè yípiàn hépíng.

Zhěngzhěng sān chǐ sìshí'èr dī yǔshuǐ. Zhòng tiānqì shén zhèng zhǔnbèi líkāi, dàn Sūn Wùkōng zǔzhǐ le tāmen. Tā shuō, "Zhòng shén, qǐng

皇帝鞠躬说,"我们的郡侯和城里的每一个人现在都在拜佛拜天。请同情他们,下雨救他们。"

玉皇大帝很高兴。他说,"让风神、云神、雨神都去凤仙城。让云遮住天空,让雷咆哮,下三尺四十二滴雨。"

开始下雨了。厚厚的云,黑色的雾,雷声隆隆[9],雷电闪烁[10]。一千里地,一片黑暗。雨水淹没了河海。它敲打着屋顶和窗户。它淹没了街道。干的草变绿了,枯[11]树开始长出新的叶子。农田里的五谷又开始生长。农夫们去农田里工作。真的是,当风和雨来的时候,人们是幸福的。当河流和大海安静的时候,世界一片和平。

整整三尺四十二滴雨水。众天气神正准备离开,但孙悟空阻止了他们。他说,"众神,请

---

9 隆隆　lónglóng – crash of thunder
10 闪烁　shǎnshuò – flash of lightning
11 枯　　kū – dry, withered

liú yíxià. Qǐng lùchū nǐmen de zhēn shēn, ràng jùnhóu jiàn jiàn nǐmen, tā jiāng sòng shàng gěi tiānshàng de gòngpǐn."

Suǒyǐ,

    Lóngwáng chūxiàn

    Léishén chūxiàn

    Yún hái chūxiàn

    Fēng dàrén xiàlái

    Lóngwáng chūxiàn

    Yínsè de húzi, huībái de liǎn

    Léishén chūxiàn

    Qiángzhuàng de shēntǐ, wān wān de zuǐ

    Yún hái chūxiàn

    Jīn guān yù liǎn

    Fēng dàrén xiàlái

    Dà yǎnjīng, cū méimáo

    Rénmen táitóu wàng

    Tāmen shāoxiāng, kòutóu

    Rénmen táitóu wàng, kàndào zhòng shén hé tiānshàng de dàjiàng

留一下。请露出你们的真身,让郡侯见见你们,他将送上给天上的贡品。"

所以,

> 龙王出现
> 雷神出现
> 云孩出现
> 风大人下来
> 龙王出现
> 银色的胡子,灰白的脸
> 雷神出现
> 强壮的身体,弯弯的嘴
> 云孩出现
> 金冠[12]玉脸
> 风大人下来
> 大眼睛,粗眉毛
> 人们抬头望
> 他们烧香,叩头
> 人们抬头望,看到众神和天上的大将

---

[12] 冠　　guān – a crown

Tāmen xǐ xīn xiàng shànliáng

Zhòng shén hé tiānshàng de dàjiàngmen zài nàlǐ tíngliú le liǎng gè xiǎoshí, rénmen kòutóu qídǎo. Zuìhòu, Sūn Wùkōng shuō, "Xièxiè nǐmen de bāngzhù. Nǐmen xiànzài kěyǐ huíqù le. Dàn qǐng měi wǔ tiān sòng yícì fēng, měi shí tiān xià yícì yǔ." Zhòng shénmen tóngyì le, tāmen huí dào le tiānshàng.

Yǒurén xiǎng zài nàtiān líkāi. Dàn jùnhóu yāoqiú tāmen liú xiàlái, wèi tāmen jiàn yízuò róngyù sìmiào. Suǒyǐ tāmen liú le xiàlái. Sìmiào jiàn dé fēicháng kuài. Bàn gè yuè hòu, tā jiù wánchéng le. Tángsēng gěi le tā yígè míngzì, jiào Gānlín Pǔ Jì Sì. Cóng nàtiān qǐ, yuǎnjìn de héshangmen dōu lái zhèlǐ, zài sìmiào lǐ qídǎo hé shāoxiāng. Jùnhóu hái wèi léishén hé lóng shén jiàn le sìmiào, gǎnxiè tāmen.

Zuìhòu, yǒurén bùnéng zài liú zài nàlǐ le. Jùnhóu hé tā de guānyuánmen liúzhe yǎnlèi, kànzhe tāmen líkāi.

他们洗心向善良

众神和天上的大将们在那里停留了两个小时，人们叩头祈祷。最后，孙悟空说，"谢谢你们的帮助。你们现在可以回去了。但请每五天送一次风，每十天下一次雨。"众神们同意了，他们回到了天上。

游人想在那天离开。但郡侯要求他们留下来，为他们建一座荣誉寺庙。所以他们留了下来。寺庙建得非常快。半个月后，它就完成了。唐僧给了它一个名字，叫甘霖普济寺。从那天起，远近的和尚们都来这里，在寺庙里祈祷和烧香。郡侯还为雷神和龙神建了寺庙，感谢他们。

最后，游人不能再留在那里了。郡侯和他的官员们流着眼泪，看着他们离开。

Dì 88 Zhāng

Tángsēng hé tā de túdìmen jìxù xiàng xī zǒu, xià qù qiū lái. Shùyè biàn hóng. Liáng liáng de yèwǎn, míngliàng de xīngxīng zài tiānkōng zhōng, báisè de yuèguāng zhào zài chuānghù shàng.

Yǒu yìtiān, tāmen kàndào le yígè dàchéng de chéngqiáng. "Wùkōng," Tángsēng shuō, "nàlǐ yòu yǒu yígè chéngshì. Wǒ xiǎng zhīdào nà shì shénme dìfāng?"

"Wǒmen yǐqián cónglái méiyǒu jiànguò zhège chéngshì," Sūn Wùkōng huídá shuō. "Wǒ zěnme huì zhīdào ne? Wǒmen qù kàn kàn."

Jiù zài zhège shíhòu, yí wèi lǎorén cóng shù hòumiàn zǒu le chūlái. Tā názhe yì gēn mùtou guǎizhàng, chuānzhe cǎoxié. Tángsēng cóng mǎshàng xiàlái, xiàng nà rén wènhǎo. Nà rén yě xiàng Tángsēng wènhǎo, ránhòu wèn dào, "Xiānshēng, nǐ cóng nǎlǐ lái?"

"Wǒ shì yígè qióng héshang, bèi Táng huángdì sòng qù bài fó qǔ sheng jīng. Nǐ néng gàosù wǒmen, yuǎnchù shì shénme chéngshì?"

"Shīfu, nǐmen xiànzài shì zài Yìndù. Zhèlǐ shì Yùhuá Wángguó. Wǒmen chéngzhǔ shì yí wèi wángzǐ, shì Yìndù wáng de qīnqī.

第88章

唐僧和他的徒弟们继续向西走,夏去秋来。树叶变红。凉凉的夜晚,明亮的星星在天空中,白色的月光照在窗户上。

有一天,他们看到了一个大城的城墙。"悟空,"唐僧说,"那里又有一个城市。我想知道那是什么地方?"

"我们以前从来没有见过这个城市,"孙悟空回答说。"我怎么会知道呢?我们去看看。"

就在这个时候,一位老人从树后面走了出来。他拿着一根木头拐杖,穿着草鞋。唐僧从马上下来,向那人问好。那人也向唐僧问好,然后问道,"先生,你从哪里来?"

"我是一个穷和尚,被唐皇帝送去拜佛取圣经。你能告诉我们,远处是什么城市?"

"师父,你们现在是在印度。这里是玉华王国。我们城主是一位王子,是印度王的亲戚。

Tā shì yígè hǎorén. Tā zūnjìng fójiào héshang hé dàojiào héshang, guānxīn nàlǐ de rénmen. Rúguǒ nǐ qù jiàn tā, tā huì duì nǐ hěn zūnjìng." Ránhòu nàge rén zǒu huí le sēnlín.

Yóurén yòu wǎng qián zǒu le yìdiǎn, zǒuguò chéng mén, jìn le chéngshì. Jiēshàng yǒu hěnduō rén. Yǒu shāngdiàn, jiǔdiàn hé cháwū. Tā kànshàngqù hěn fánróng.

Tángsēng xīn xiǎng, "Wǒ cónglái méiyǒu láiguò Yìndù, dàn zhè hé Táng guó zhēn de méiyǒu shénme bù yíyàng." Tā kàndào rénmen zài mǎi hé mài, tā tīngshuō rénmen kěyǐ yòng shí fēn zhī sì liǎng de yínzi mǎi yí dàn dàmǐ, yòng yì fēn qián mǎi yì jīn yóu. Zhè zhēn de shì yígè fánróng de chéngshì!

Tāmen chuānguò chéngshì, yìzhí lái dào wángzǐ de gōngdiàn. "Zài zhèlǐ děngzhe," Tángsēng duì túdìmen shuō. "Wǒ huì qǐng wángzǐ qiānshǔ wǒmen de tōngguān wénshū. Rúguǒ tā gěi wǒ fàn chī, wǒ huì ràng rén sòng gěi nǐmen yìqǐ xiǎngshòu. Zài nǐmen děng de shíhòu, nǐmen kěyǐ qù nà biān de jiǔdiàn, gěi mǎ mǎi yìxiē gǔzi."

Bùjiǔ, Tángsēng bèi yāoqǐng dào gōnglǐ qù jiàn wángzǐ. Tā bǎ tōngguān wénshū gěi le wángzǐ. Wángzǐ kànzhe wénshū. Tā kàn dào láizì xǔ

他是一个好人。他尊敬佛教和尚和道教和尚，关心那里的人们。如果你去见他，他会对你很尊敬。"然后那个人走回了森林。

游人又往前走了一点，走过城门，进了城市。街上有很多人。有商店、酒店和茶屋。它看上去很繁荣。

唐僧心想，"我从来没有来过印度，但这和唐国真的没有什么不一样。"他看到人们在买和卖，他听说人们可以用十分之四两的银子买一担大米，用一分钱买一斤油。这真的是一个繁荣的城市！

他们穿过城市，一直来到王子的宫殿。"在这里等着，"唐僧对徒弟们说。"我会请王子签署我们的通关文书。如果他给我饭吃，我会让人送给你们一起享受。在你们等的时候，你们可以去那边的酒店，给马买一些谷子。"

不久，唐僧被邀请到宫里去见王子。他把通关文书给了王子。王子看着文书。他看到来自许

duō guójiā de qiānmíng. Tā qiān le tōngguān wénshū, bǎ tā huángěi le Tángsēng. "Wěidà de lǎoshī," tā shuō, "nǐ zǒuguò xǔduō guójiā. Nǐ zǒu le duō cháng shíjiān le?"

"Wǒ zài lǚtú zhōng yǐjīng jīngguò le shísì gè dōngtiān hé xiàtiān," Tángsēng huídá shuō. "Wǒ jiànguò qiān qiān wàn wàn gè yāoguài, wǒ méiyǒu bànfǎ gàosù nǐ yǒu duōshǎo de tòngkǔ."

Wángzǐ ràng rén wéi tā de kèrén zhǔnbèi fàn. Tángsēng yāoqiú ràng tā de sān gè túdì yìqǐ chīfàn. Dàn dāng wángzǐ de dàchénmen chūqù shí, tāmen méiyǒu kàndào rènhé rén. Suǒyǐ tāmen zǒu dào jiē duìmiàn de jiǔdiàn. "Tángsēng de túdì shì shuí?" tāmen wèn. "Diànxià yāoqǐng tāmen chīfàn."

Zhū tīngdào "fàn" zì, tiào le qǐlái, shuō, "Wǒmen shì! Wǒmen shì!"

Zhè xiàhuài le jiǔdiàn de gōngrén. Tāmen dà hǎn, "Zhū móguǐ! Zhū móguǐ!"

Hóuzi zhuā zhù Zhū, ràng tā ānjìng. Jiǔdiàn de gōngrén kàn dào tā, dà hǎn, "Hóuzi jīng! Hóuzi jīng!"

多国家的签名。他签了通关文书,把它还给了唐僧。"伟大的老师,"他说,"你走过许多国家。你走了多长时间了?"

"我在旅途中已经经过了十四个冬天和夏天,"唐僧回答说。"我见过千千万万个妖怪,我没有办法告诉你有多少的痛苦。"

王子让人为他的客人准备饭。唐僧要求让他的三个徒弟一起吃饭。但当王子的大臣们出去时,他们没有看到任何人。所以他们走到街对面的酒店。"唐僧的徒弟是谁?"他们问。"殿下邀请他们吃饭。"

猪听到"饭"字,跳了起来,说,"我们是!我们是!"

这吓坏了酒店的工人。他们大喊,"猪魔鬼!猪魔鬼!"

猴子抓住猪,让他安静。酒店的工人看到他,大喊,"猴子精!猴子精!"

Shā jǔqǐ shuāngshǒu, xiǎngyào gàosù tāmen búyào hàipà. Dàn jiǔdiàn de gōngrén kàndào tā, dà hǎn, "Chúfáng shén! Chúfáng shén!"

Zuìhòu, sān gè túdì jiù zhèyàng zǒuchū jiǔdiàn. Tāmen gēnzhe dàchénmen huí dào le gōngdiàn. Wángzǐ kàndào tāmen, yě xiàhuài le, dàn Tángsēng shuō, "Búyào hàipà, diànxià. Tāmen hěn chǒu, tāmen bù zhīdào zěnme yǒu lǐmào de hùxiāng duìdài, dàn tāmen yǒu shànliáng de xīn."

Gōng lǐ de púrénmen náchū shíwù, dàjiā dōu chī le. Hòulái, wángzǐ huí dào le tā zìjǐ de fángjiān. Tā de sān gè érzi kàn dào tā de liǎn hěn bái. "Fùqīn, shénme ràng nǐ hàipà le?" Tāmen wèn.

"Dōngfāng de dà Táng lái le yí wèi héshang. Wǒ yāoqǐng tā hé wǒmen yìqǐ chīfàn. Tā shuō tā yǒu sān gè túdì, suǒyǐ wǒ yě yāoqǐng tāmen hé wǒmen yìqǐ chīfàn. Tāmen dōu fēicháng chǒu, tāmen kànqǐlái xiàng móguǐ. Suǒyǐ wǒ liǎn kànqǐlái zhème bái."

Zhè sān gè niánqīng rén xiànzài dōu shì jìshù hěnhǎo de zhànshì. Tāmen tiàoqǐlái duì tāmen de fùqīn shuō, "Zhèxiē yídìng shì láizì shānshàng de yāoguài jīng. Wǒmen qù ná wǔqì, kàn kàn tāmen shì

沙举起双手，想要告诉他们不要害怕。但酒店的工人看到他，大喊，"厨房神！厨房神！"

最后，三个徒弟就这样走出酒店。他们跟着大臣们回到了宫殿。王子看到他们，也吓坏了，但唐僧说，"不要害怕，殿下。他们很丑，他们不知道怎么有礼貌地互相对待，但他们有善良的心。"

宫里的仆人们拿出食物，大家都吃了。后来，王子回到了他自己的房间。他的三个儿子看到他的脸很白。"父亲，什么让你害怕了？"他们问。

"东方的大唐来了一位和尚。我邀请他和我们一起吃饭。他说他有三个徒弟，所以我也邀请他们和我们一起吃饭。他们都非常丑，他们看起来像魔鬼。所以我脸看起来这么白。"

这三个年轻人现在都是技术很好的战士。他们跳起来对他们的父亲说，"这些一定是来自山上的妖怪精。我们去拿武器，看看他们是

shuí." Dà érzi náqǐ yì gēn bàng, èr érzi náqǐ jiǔ chǐ bàzi, xiǎo érzi náqǐ yì gēn guǎizhàng. Tāmen pǎochū gōngdiàn, dà hǎn, "Yāoguài zài nǎlǐ?"

"Tāmen zài tíngzi lǐ chī sùshí," chúfáng shīfu huídá shuō.

Sān gè niánqīng rén pǎo jìn tíngzi lǐ hǎn dào, "Nǐmen shì rén háishì yāoguài? Xiànzài gàosù wǒmen, wǒmen huì ràng nǐmen huózhe."

Tángsēng kàndào tāmen, xiàdé wǎn dōu diào le. Tā shuō, "Wǒ shì yígè qióng héshang, búshì yāoguài."

Xiǎo wángzǐmen shuō, "Shìde, nǐ kànqǐlái xiàng ge rén. Dàn nà sān gè chǒu de yídìng shì yāoguài."

Sūn Wùkōng shuō, "Wǒmen dōu shì rén. Wǒmen de liǎn kěnéng hěn chǒu, dàn wǒmen xīn shì hǎo de. Nàme, nǐmen cóng nǎlǐ lái, wèishénme shuō zhème bèn de huà?"

Chúfáng shīfu qīngshēng shuō, "Zhèxiē shì diànxià de érzi."

"Hǎo ba, diànxià," Zhū shuō, "Nǐmen wèishénme názhe zhè

谁。"大儿子拿起一根棒,二儿子拿起九齿[13]耙子,小儿子拿起一根拐杖。他们跑出宫殿,大喊,"妖怪在哪里?"

"他们在亭子里吃素食,"厨房师父回答说。

三个年轻人跑进亭子里喊道,"你们是人还是妖怪?现在告诉我们,我们会让你们活着。"

唐僧看到他们,吓得碗都掉了。他说,"我是一个穷和尚,不是妖怪。"

小王子们说,"是的,你看起来像个人。但那三个丑的一定是妖怪。"

孙悟空说,"我们都是人。我们的脸可能很丑,但我们心是好的。那么,你们从哪里来,为什么说这么笨的话?"

厨房师父轻声说,"这些是殿下的儿子。"

"好吧,殿下,"猪说,"你们为什么拿着这

---

[13] 齿　　chǐ – tooth, tooth-shaped

xiē wǔqì? Nǐmen xiǎng zhàndòu ma?" Èr wángzǐ xiǎng yòng bàzi dǎ Zhū, dàn Zhū zhǐshì xiào xiào. Tā cóng yāodài shàng báchū zìjǐ de bàzi, zài tóushàng huàngdòng. Wàn dào jīnguāng cóng bàzi zhōng shèchū. Xiǎo wángzǐ xiàhuài le, tā rēng xià le tā de bàzi.

Niánlíng zuìdà de xiǎo wángzǐ názhe yì gēn bàng. Sūn Wùkōng cóng ěr zhōng ná chū zìjǐ de bàng, qīngshēng shuō, "Biàn!" Tā biànchéng xiàng fànwǎn yíyàng cū, shí'èr chǐ cháng. Tā bǎ tā zá zài dìshàng, bǎ tā chā dào ní lǐ sān chǐ shēn. "Lái," tā shuō, "qù ná wǒ de bàng. Qùba." Xiǎo wángzǐ zhuā zhù hóuzi de bàng, dàn tā méiyǒu bànfǎ dòng tā.

Niánlíng zuìxiǎo de xiǎo wángzǐ yòng tā de guǎizhàng gōngjī Shā. Shā hěn róngyì de duǒguò le gōngjī, ránhòu báchū le tā deguǎizhàng. Míngliàng de cǎi guāng cóng guǎizhàng zhōng shèchū. Měi gè rén dōu tíngxià le tāmen zhèngzài zuò de shì, kànzhe guāng. Ránhòu sān gè xiǎo wángzǐ fàngxià wǔqì, kòutóu, shuō, "Wěidà de lǎoshī, wǒmen hěn duìbùqǐ, wǒmen méiyǒu rènchū nǐmen. Qǐng ràng wǒmen kàn kàn, nǐmen shì zěnme yòng zhèxiē wǔqì de."

Sān gè túdì wèi xiǎo wángzǐmen biǎoyǎn. Sūn Wùkōng tiào shàng yì duǒ jīn yún, fēikuài de huīdòng tā de jīn gū bàng, zhídào tā dòng dé tài

些武器？你们想战斗吗？"二王子想用耙子打猪，但猪只是笑笑。他从腰带上拔出自己的耙子，在头上晃动。万道金光从耙子中射出。小王子吓坏了，他扔下了他的耙子。

年龄最大的小王子拿着一根棒。孙悟空从耳中拿出自己的棒，轻声说，"变！"它变成像饭碗一样粗，十二尺长。他把它砸在地上，把它插到泥里三尺深。"来，"他说，"去拿我的棒。去吧。"小王子抓住猴子的棒，但他没有办法动它。

年龄最小的小王子用他的拐杖攻击沙。沙很容易地躲过了攻击，然后拔出了他的拐杖。明亮的彩光从拐杖中射出。每个人都停下了他们正在做的事，看着光。然后三个小王子放下武器，叩头，说，"伟大的老师，我们很对不起，我们没有认出你们。请让我们看看，你们是怎么用这些武器的。"

三个徒弟为小王子们表演。孙悟空跳上一朵金云，飞快地挥动他的金箍棒，直到它动得太

kuài, kàn bújiàn le. Zhū shàngxià, zuǒyòu, qiánhòu huīdòngzhe bàzi, kōngqì lǐ dōushì páoxiāo de fēngshēng. Shā wèi tāmen biǎoyǎn le "Dān Fèng Zhāoyáng" hé "È Hǔ Pū Shí," tā de guǎizhàng fāchū jīnguāng. Ránhòu tāmen dōu huí dào le dìshàng, xiàng Tángsēng jūgōng hòu, zuò le xiàlái.

Xiǎo wángzǐmen pǎo huí gōngdiàn. Tāmen duì tāmen de fùqīn shuō, "Nǐ kàndào tiānkōng zhōng de sān gè tiàowǔ de rén le ma? Nàxiē rén búshì shén, yě búshì shénxiān. Tāmen shì Táng héshang de sān gè chǒu túdì. Tāmen yǒu fēicháng hǎo de jìshù. Wǒmen xīwàng tāmen chéngwéi wǒmen de lǎoshī, zhèyàng wǒmen jiù kěyǐ xuéxí tāmen de jìshù, bǎohù wǒmen de guójiā. Nǐ zěnme xiǎng?" Lǎo wángzǐ tóngyì zhè shì ge hǎo zhǔyì.

Lǎo wángzǐ hé tā de sān gè érzi kuài kuài de gǎndào tíngzi nàlǐ. Sì wèi yǒurén zhèng zhǔnbèi líkāi. Lǎo wángzǐ duì Tángsēng shuō, "Táng shīfu, wǒ xiǎng qǐng nǐ bāng yígè máng. Dāng wǒ dì yī cì jiàndào nǐ hé nǐ de túdì shí, wǒ yǐwéi nǐmen zhǐshì rén. Dàn xiànzài wǒ kàndào nǐmen shì xiān, shì fó. Wǒ kělián de érzi men xīwàng chéngwéi nǐmen de túdì, xuéxí nǐmen de yìxiē zhàndòu jìshù. Wǒ qiú nǐ tóngyì. Rúguǒ nǐ tóngyì, wǒ huì bǎ zhège chéngshì de suǒ

快，看不见了。猪上下、左右、前后挥动着耙子，空气里都是咆哮的风声。沙为他们表演了"丹凤朝阳"和"饿虎扑食，"他的拐杖发出金光。然后他们都回到了地上，向唐僧鞠躬后，坐了下来。

小王子们跑回宫殿。他们对他们的父亲说，"你看到天空中的三个跳舞的人了吗？那些人不是神，也不是神仙。他们是唐和尚的三个丑徒弟。他们有非常好的技术。我们希望他们成为我们的老师，这样我们就可以学习他们的技术，保护我们的国家。你怎么想？"老王子同意这是个好主意。

老王子和他的三个儿子快快地赶到亭子那里。四位游人正准备离开。老王子对唐僧说，"唐师父，我想请你帮一个忙。当我第一次见到你和你的徒弟时，我以为你们只是人。但现在我看到你们是仙，是佛。我可怜的儿子们希望成为你们的徒弟，学习你们的一些战斗技术。我求你同意。如果你同意，我会把这个城市的所

yǒu cáifù dōu gěi nǐ."

Sūn Wùkōng xiào dào, "Diànxià, nǐ bù dǒng. Wǒmen hěn yuànyì jiēshòu nǐ de érzi wèi túdì. Dàn wǒmen bùxiǎng yào nǐ de rènhé cáifù." Lǎo wángzǐ fēicháng gāoxìng. Tā mìnglìng zài gōngdiàn de dàdiàn lǐ jǔxíng yì chǎng dà yànhuì. Yǒu chànggē, tiàowǔ, yīnyuè hé hàochī de sùshí.

Dì èr tiān, sān wèi xiǎo wángzǐ lái jiàn Sūn Wùkōng, Zhū hé Shā. Xiǎo wángzǐmen wèn dào, "Wǒmen néng bùnéng kàn kàn nǐmen de wǔqì?" Zhū bǎ bàzi rēng zài dìshàng. Shā bǎ tā de guǎizhàng fàng zài fùjìn de qiáng biān. Liǎng gè xiǎo wángzǐ xiǎng yào náqǐ wǔqì, dàn tāmen méiyǒu bànfǎ bāndòng tāmen. Zhè jiù xiàng yì zhī húdié xiǎngyào bāndòng yì gēn shízhù.

Zhū xiàozhe shuō, "Wǒ de bàzi bú zhòng. Lián bǎshǒu yígòng 5,048 jīn."

有财富都给你。"

孙悟空笑道,"殿下,你不懂。我们很愿意接受你的儿子为徒弟。但我们不想要你的任何财富。"老王子非常高兴。他命令在宫殿的大殿里举行一场大宴会。有唱歌、跳舞、音乐和好吃的素食。

第二天,三位小王子来见孙悟空、猪和沙。小王子们问道,"我们能不能看看你们的武器?"猪把耙子扔在地上。沙把他的拐杖放在附近的墙边。两个小王子想要拿起武器,但他们没有办法搬动它们。这就像一只蝴蝶想要搬动一根石柱。

猪笑着说,"我的耙子不重。连把手一共5,048斤[14]。"

---

[14] This number probably is inspired by a famous collection of Buddhist teachings, the *Digest of the Catalog of Buddhist Teachings Compiled During the Kaiyuan Reign of the Great Tang*, completed in 730 A.D. during the Tang Dynasty. It consists of 5,048 volumes.

Shā shuō, "Wǒ de guǎizhàng yěshì 5,048 jīn."

"Dà shèng, nà nǐ de wǔqì ne?" Tāmen wèn Sūn Wùkōng.

Tā huídá shuō,

"Zhè gēn bàng shì yǔzhòu kāishǐ shí zào de

Tā shì Dà Yǔ zìjǐ zào de

Tā yòng tā lái fāxiàn héliú hé dàhǎi de shēndù

Hòulái tā piāo dào le dōnghǎi de dàmén

Tā zài nàlǐ tíngliú, fāchū cǎisè de guāng

Wǒ zhǎodào tā, bǎ tā biànchéng le wǒ de bàng

Wǒ kěyǐ ràng tā biàn dà, zhuāng mǎn yǔzhòu

Wǒ kěyǐ ràng tā biàn xiǎo, xiàng zhēn yíyàng

Tiāndì zhōng zhǐyǒu yí gè tā

Tā zhòng 13,500 jīn

Tā kěyǐ dàilái shēng huò sǐ

沙说，"我的拐杖也是 5,048 斤。"

"大圣，那你的武器呢？"他们问孙悟空。

他回答说，

> "这根棒是宇宙[15]开始时造的
> 它是大禹[16]自己造的
> 他用它来发现河流和大海的深度[17]
> 后来它漂到了东海的大门
> 它在那里停留，发出彩色的光
> 我找到它，把它变成了我的棒
> 我可以让它变大，装满宇宙
> 我可以让它变小，像针一样
> 天地中只有一个它
> 它重 13,500 斤
> 它可以带来生或死

---

[15] 宇宙　yǔzhòu – universe
[16] Yu the Great (大禹), sometimes called "Great Yu Who Controlled the Waters," was a legendary king in ancient China. He labored for thirteen years to build China's first system of flood control. Emperor Shun was so impressed that he passed over his own son to name Yu as emperor at age 53. Yu reigned for 45 years.
[17] 深度　shēndù – depth

Tā kěyǐ dǎbài lóng hé hǔ
Tā kěyǐ shāsǐ yāoguài hé móguǐ
Dāng wǒ zài tiānshàng zhǎo máfan shí, tā bāngzhù le wǒ
Tiāndì shén guǐ dōu pà tā
Tā láizì zuì kāishǐ de yǔzhòu
Zhè búshì yì gēn pǔtōng de tiě bàng!"

Xiǎo wángzǐmen dōu qǐngqiú xuéxí zěnme yòng zhè sān jiàn wǔqì. Dàn Sūn Wùkōng shuō, "Wǒmen kěyǐ jiāo nǐmen, dàn nǐmen hái méiyǒu zúgòu qiángdà, bùnéng yòng zhèxiē wǔqì. Gǔrén shuō, 'Yì zhī huà dé bùhǎo de lǎohǔ, kànshàngqù jiù xiàng yìtiáo gǒu.' Nǐmen xūyào qiángzhuàng cáinéng yòng zhèxiē wǔqì."

Zhè ràng sān wèi xiǎo wángzǐ fēicháng gāoxìng. Tāmen xǐ le shǒu, nálái le yì zhāng xiāng zhuō, diǎn le xiāng, xiàng tiān jūgōng. Ránhòu tāmen qǐngqiú lǎoshī jiāo tāmen.

Sūn Wùkōng, Zhū, Shā dōu xiàng Tángsēng jūgōng, qǐngqiú tā ràng tāmen jiāo xiǎo wángzǐ. Tángsēng tóngyì le. Ránhòu Sūn Wùkōng dàizhe sān wèi xiǎo wángzǐ, zǒu jìn tíngzi hòumiàn yígè ānjìng de fángjiān. Tā ràng tāmen tǎngxià, bì shàng yǎnjīng. Ránhòu tā shuō le yìxiē mó yǔ, bǎ qì chuī jìn tāmen de xīnlǐ. Zhè gěi le tāmen xīn de jī ròu hé

它可以打败龙和虎

它可以杀死妖怪和魔鬼

当我在天上找麻烦时,它帮助了我

天地神鬼都怕它

它来自最开始的宇宙

这不是一根普通的铁棒!"

小王子们都请求学习怎么用这三件武器。但<u>孙悟空</u>说,"我们可以教你们,但你们还没有足够强大,不能用这些武器。古人说,'一只画得不好的老虎,看上去就像一条狗。'你们需要强壮才能用这些武器。"

这让三位小王子非常高兴。他们洗了手,拿来了一张香桌,点了香,向天鞠躬。然后他们请求老师教他们。

<u>孙悟空</u>、<u>猪</u>、<u>沙</u>都向<u>唐僧</u>鞠躬,请求他让他们教小王子。<u>唐僧</u>同意了。然后<u>孙悟空</u>带着三位小王子,走进亭子后面一个安静的房间。他让他们躺下,闭上眼睛。然后他说了一些魔语,把气吹进他们的心里。这给了他们新的肌肉和

gǔtou. Tā zuò wán hòu, xiǎo wángzǐmen kěyǐ hěn róngyì de náqǐ sān jiàn zhòng wǔqì zhōng de rènhé yí jiàn.

Dì èr tiān, sān gè túdì kāishǐ jiāo xiǎo wángzǐ. Xiǎo wángzǐmen xiànzài nénggòu náqǐ wǔqì, dàn tāmen hěn nán yòng tāmen. Lìngwài, zhèxiē wǔqì hěn shénqí. Dāng wángzǐmen xiǎng yào yòng tāmen shí, tāmen gǎibiàn le yàngzi. Zài yìtiān jiéshù de shíhòu, wángzǐmen shuō, "Xièxiè nǐmen jiāo wǒmen zěnme yòng zhèxiē wǔqì. Dànshì wǒmen hěn nán yòng tāmen. Wǒmen yào zào sān gè xīn wǔqì. Tāmen kànqǐlái xiàng nǐmen de wǔqì, dàn yòng de shì pǔtōng de gāngtiě. Nàyàng kěyǐ ma?"

"Méi wèntí," Zhū shuō. "Bùguǎn zěnyàng, wǒmen xūyào yòng wǒmen de wǔqì lái bǎohù fó, dǎbài yāoguài."

Suǒyǐ, xiǎo wángzǐmen jiàolái tiějiàng. Tiějiàngmen dàilái le yí wàn jīn tiě. Zài yuànzi lǐ gōngzuò, tāmen huà le tiě, kāishǐ liàn tiě. Dāng tiě zhǔnbèi hǎo hòu, tāmen qǐng sān gè túdì ná chū tāmen de wǔqì, zhèyàng tāmen jiù kěyǐ zhàozhe zhèxiē wǔqì zuò. Sān gè túdì bǎ wǔqì liú zài yuànzi lǐ, ràng tiějiàngmen kànzhe zuò.

骨头。他做完后，小王子们可以很容易地拿起三件重武器中的任何一件。

第二天，三个徒弟开始教小王子。小王子们现在能够拿起武器，但他们很难用它们。另外，这些武器很神奇。当王子们想要用它们时，它们改变了样子。在一天结束的时候，王子们说，"谢谢你们教我们怎么用这些武器。但是我们很难用它们。我们要造三个新武器。它们看起来像你们的武器，但用的是普通的钢铁。那样可以吗？"

"没问题，"猪说。"不管怎样，我们需要用我们的武器来保护佛，打败妖怪。"所以，小王子们叫来铁匠[18]。铁匠们带来了一万斤铁。在院子里工作，他们化了铁，开始炼[19]铁。当铁准备好后，他们请三个徒弟拿出他们的武器，这样他们就可以照着这些武器做。三个徒弟把武器留在院子里，让铁匠们看着做。

---

18 铁匠　tiějiàng – blacksmith
19 炼　　liàn – to temper with fire

Dàn máfan jiù zài bù yuǎn chù. Yí gè xié jīng zhù zài èrshíwǔ lǐ wài Bào Tóu Shān shàng de Hǔkǒu Dòng lǐ. Tā kàndào tiějiàng zào wǔqì de huǒguāng, jiù lái dào yuànzi lǐ kàn kàn fāshēng le shénme. Tā kàndào yuànzi lǐ tǎngzhe de sān jiàn shénqí de wǔqì. "Hǎobàng de wǔqì!" tā hǎn dào. "Wǒ jīntiān de yùnqì hěnhǎo. Wǒ yào bǎ tāmen dàizǒu." Tā nòng qǐ yízhèn dàfēng, náqǐ wǔqì, bǎ tāmen dài huí tā de shāndòng.

Zhè zhēnshi,

> Nǐ bùnéng líkāi dào
> Kěyǐ líkāi de dào búshì zhēnde dào
> Tānshàng de wǔqì bèi tōu
> Túdìmen de gōngzuò báifèi le

但麻烦就在不远处。一个邪精住在二十五里外<u>豹头</u>山上的<u>虎口</u>洞里。他看到铁匠造武器的火光，就来到院子里看看发生了什么。他看到院子里躺着的三件神奇的武器。"好棒的武器！"他喊道。"我今天的运气很好。我要把它们带走。"他弄起一阵大风，拿起武器，把它们带回他的山洞。

这真是，

> 你不能离开道
> 可以离开的道不是真的道[20]
> 天上的武器被偷
> 徒弟们的工作白费[21]了

---

[20] This is taken almost word for word from the beginning of the Doctrine of the Mean, written by Zisi, grandson of Confucius: *"The path may not be left for an instant. If it could be left, it would not be the path."*

[21] 白费　báifèi – in vain

Dì 89 Zhāng

Dì èr tiān zǎoshàng, tiějiàngmen lái dào yuànzi lǐ kāishǐ gōngzuò. Dànshì shénqí de wǔqì bújiàn le. Tiějiàngmen zhǎo le měi gè dìfāng, dàn zhǎobúdào tāmen. Tāmen qù le xiǎo wángzǐmen nàlǐ, kòutóu, shuō, "Xiǎo zhǔrén, wǒmen bù zhīdào wǔqì fāshēng le shénme shì."

Xiǎo wángzǐmen pǎo qù gàosù le sān gè túdì. Tāmen dōu huí dào yuànzi lǐ, kàndào wǔqì bújiàn le. Zhū hěn shēngqì. Tā duì tiějiàng shuō, "Nǐmen tōu le wǒmen de wǔqì! Xiànzài bǎ tāmen huán chūlái, bú zhèyàng zuò, wǒ jiù shā le nǐmen."

Dàn tiějiàngmen kū le, kòutóu shuō, "Dàrén, wǒmen zuó wǎn dōu shuìzháo le, wǒmen tài lèi le. Jīntiān zǎoshàng wǒmen lái zhèlǐ gōngzuò, kàndào wǔqì bújiàn le. Wǒmen búshì shén, wǒmen zhǐshì rén. Wǒmen méiyǒu bànfǎ bāndòng zhèxiē zhòng wǔqì."

Sūn Wùkōng shuō, "Zhèshì wǒmen de cuò. Wǒmen zuó wǎn bù yīnggāi bǎ wǔqì liú zài zhèlǐ. Wǒ xiǎng shì yí gè yāoguài lái tōuzǒu le tāmen."

Túdìmen zhàn zài yuànzi lǐ, zhēnglùn le yīhuǐ'er. Zhè shí, lǎo

第 89 章

第二天早上,铁匠们来到院子里开始工作。但是神奇的武器不见了。铁匠们找了每个地方,但找不到它们。他们去了小王子们那里,叩头,说,"小主人,我们不知道武器发生了什么事。"

小王子们跑去告诉了三个徒弟。他们都回到院子里,看到武器不见了。<u>猪</u>很生气。他对铁匠说,"你们偷了我们的武器!现在把它们还出来,不这样做,我就杀了你们。"

但铁匠们哭了,叩头说,"大人,我们昨晚都睡着了,我们太累了。今天早上我们来这里工作,看到武器不见了。我们不是神,我们只是人。我们没有办法搬动这些重武器。"

<u>孙悟空</u>说,"这是我们的错。我们昨晚不应该把武器留在这里。我想是一个妖怪来偷走了它们。"

徒弟们站在院子里,争论了一会儿。这时,老

wángzǐ lái le. Tā duì tāmen shuō, "Zhèlǐ méiyǒu rén tōu nǐmen de wǔqì. Nǐmen de wǔqì hěn shénqí. Yìbǎi gè rén yě méiyǒu bànfǎ bāndòng tāmen. Érqiě, zhège chénglǐ de rén hěnhǎo, tāmen búhuì cóng nǐmen nàlǐ tōu rènhé dōngxi."

Sūn Wùkōng shuō, "Diànxià, gàosù wǒ, fùjìn yǒu méiyǒu zhùzhe xié'è de yāoguài?"

"Ǹ, shìde. Chéngshì běibian shì Bào Tóu Shān. Shānshàng yǒu yí gè Hǔkǒu Dòng. Wǒ tīngshuō nàge shāndòng lǐ zhùzhe yí gè yāoguài."

Sūn Wùkōng tīng le hěn gāoxìng! Tā ràng Zhū hé Shā liú xiàlái, zhàogù Tángsēng hé zhè zuò chéng. Ránhòu tā tiào dào kōngzhōng, yòng tā de jīndǒu yún hěnkuài fēi xiàng Bào Tóu Shān. Tā kàn le sìzhōu. Tā tīngdào shēngyīn, kàn dào liǎng gè láng tou yāoguài zài zǒulù, shuōzhe huà. Tā biànchéng le yì zhī húdié, gēnzhe tāmen.

Tā tīngjiàn qízhōng yì rén shuō, "Wǒmen de shīfu yùnqì tài hǎo le! Shàng ge yuè, tā yùdào le yí gè měilì de nǚrén, tā xiànzài hé tā yìqǐ zhù zài shāndòng lǐ. Zuówǎn tā fāxiàn le sān jiàn shénqí de wǔqì. Míngtiān huì yǒu Dīng Bǎ Jié, nà huì hěn hǎowán!"

Lìng yí gè yāoguài huídá shuō, "Nǐ wǒ yùnqì yě hěnhǎo. Wǒmen

王子来了。他对他们说，"这里没有人偷你们的武器。你们的武器很神奇。一百个人也没有办法搬动它们。而且，这个城里的人很好，他们不会从你们那里偷任何东西。"

孙悟空说，"殿下，告诉我，附近有没有住着邪恶的妖怪？"

"嗯，是的。城市北边是豹头山。山上有一个虎口洞。我听说那个山洞里住着一个妖怪。"

孙悟空听了很高兴！他让猪和沙留下来，照顾唐僧和这坐城。然后他跳到空中，用他的筋斗云很快飞向豹头山。他看了四周。他听到声音，看到两个狼头妖怪在走路，说着话。他变成了一只蝴蝶，跟着他们。

他听见其中一人说，"我们的师父运气太好了！上个月，他遇到了一个美丽的女人，她现在和他一起住在山洞里。昨晚他发现了三件神奇的武器。明天会有钉钯节，那会很好玩！"

另一个妖怪回答说，"你我运气也很好。我们

de zhǔrén gěi le wǒmen èrshí liǎng yínzi, wèi jiérì mǎi zhū hé yáng. Wǒmen qù mǎi yì píng jiǔ. Mǎi zhū hé yáng de shíhòu, wǒmen kěyǐ wèi zìjǐ liú liǎng, sān liǎng yínzi. Wǒmen kěyǐ yòng zhè qián mǎi dōngtiān chuān de nuǎn wàiyī."

Sūn Wùkōng tīngdào le tāmen shuō de huà. Tā fēi dào tāmen qiánmiàn. Ránhòu tā biàn huí le tā zìjǐ de yàngzi. Dāng yāoguài zǒu jìn shí, tā shuō le jǐ jù mó yǔ. Yāoguàimen tíngzhǐ le zǒulù. Tāmen bùnéng dòng, yě bùnéng shuōhuà. Sūn Wùkōng xiàng tāmen zǒuqù. Tā cóng qízhōng yí gè rén nàlǐ názǒu le èrshí liǎng yínzi. Tā kàndào tāmen liǎ dōu dàizhe tōngxíngzhèng. Tāmen de míngzì shì Diāozuān Gǔguài hé Gǔguài Diāozuān. Tā ná zǒu le tōngxíngzhèng.

Sūn Wùkōng huí dào gōng zhōng. Tā gàosù dàjiā tā kàndào de. "Zhū, nǐ bǎ nǐ zìjǐ biànchéng Diāozuān Gǔguài. Wǒ biàn chéng Gǔguài Diāozuān. Shā, nǐ jiāng shì yí gè mài zhū yáng de rén. Wǒmen qù Hǔkǒu Dòng qǔ wǒmen de wǔqì, shāsǐ yāoguài. Ránhòu wǒmen jiù kěyǐ jìxù wǒmen de lǚtú."

"Kěshì wǒ zěnme biànchéng Diāozuān Gǔguài ne?" Zhū wèn. "Wǒ cónglái méiyǒu jiànguò tā." Sūn Wùkōng duìzhe Zhū chuī le yì kǒu mó qì, Zhū xiànzài kànqǐlái jiù

的主人给了我们二十两银子,为节日买猪和羊。我们去买一瓶酒。买猪和羊的时候,我们可以为自己留两、三两银子。我们可以用这钱买冬天穿的暖外衣。"

孙悟空听到了他们说的话。他飞到他们前面。然后他变回了他自己的样子。当妖怪走近时,他说了几句魔语。妖怪们停止了走路。他们不能动,也不能说话。孙悟空向他们走去。他从其中一个人那里拿走了二十两银子。他看到他们俩都带着通行证。他们的名字是刁钻古怪和古怪刁钻。他拿走了通行证。

孙悟空回到宫中。他告诉大家他看到的"猪,你把你自己变成刁钻古怪。我变成古怪刁钻。沙,你将是一个卖猪羊的人。我们去虎口洞取我们的武器,杀死妖怪。然后我们就可以继续我们的旅途。"

"可是我怎么变成刁钻古怪呢?"猪问。"我从来没有见过他。"孙悟空对着猪吹了一口魔气,猪现在看起来就像是刁钻古怪。孙悟空把

zìjǐ biànchéng le Gǔguài Diāozuān. Shā bǎ zìjǐ nòngchéng mǎimài rén de yàngzi. Ránhòu tāmen sān gè rén xiàng shāndòng zǒuqù, gǎnzhe tāmen qiánmiàn de zhū yáng.

Dāng tāmen yánzhe xiǎolù zǒu de shíhòu, tāmen yòu yù dào le yí gè móguǐ. Tā de míngzì jiào Lǜ Liǎn. Tā yǒu huǒ yíyàng hóng de tóufǎ, hóng bízi, jiān yá, dà ěrduǒ hé yì zhāng lǜsè de liǎn. Tā chuānzhe huángsè de cháng yī hé cǎoxié. Tā názhe yí gè xiǎo hézi. Dāng tā kàndào sān gè túdì shí, tā dàshēng hǎn dào, "Gǔguài Diāozuān, hěn gāoxìng jiàndào nǐ! Nǐ mǎi le zhū hé yáng le ma?"

"Dāngrán," Sūn Wùkōng huídá. "Nǐ méi kànjiàn tāmen ma?"

"Nà shì shuí?" Móguǐ zhǐzhe Shā shuō.

"Tā shì yí gè mǎimài rén. Wǒmen qiàn tā yì xiē yínzi, suǒyǐ wǒmen yào huí jiā qǔ qián gěi tā. Hézi lǐ yǒu shénme?"

"Zhèxiē shì Dīng Bǎ Jié de yāoqǐng shū. Dīng Bǎ Jié zài míngtiān zǎoshàng. Wǒmen de shǒulǐng jiāng zài nàlǐ, hái yǒu qítā sìshí wèi zuǒyòu de kèrén. Nǐ zìjǐ kàn." Móguǐ ná chū qízhōng de yí fèn

自己变成了古怪刁钻。沙把自己弄成买卖人的样子。然后他们三个人向山洞走去，赶着他们前面的猪羊。

当他们沿着小路走的时候，他们又遇到了一个魔鬼。他的名字叫绿脸。他有火一样红的头发，红鼻子，尖牙，大耳朵和一张绿色的脸。他穿着黄色的长衣和草鞋。他拿着一个小盒子。当他看到三个徒弟时，他大声喊道，"古怪刁钻，很高兴见到你！你买了猪和羊了吗？"

"当然，"孙悟空回答。"你没看见它们吗？"

"那是谁？"魔鬼指着沙说。

"他是一个买卖人。我们欠他一些银子，所以我们要回家取钱给他。盒子里有什么？"

"这些是钉钯节的邀请书。钉钯节在明天早上。我们的首领将在那里，还有其他四十位左右的客人。你自己看。"魔鬼拿出其中的一份

yāoqǐng shū, gěi le Sūn Wùkōng. Shàngmiàn xiězhe,

Ò, wěidà de Jiǔ Líng Yuán Shèng, wǒ xīwàng nǐ míngtiān néng hé wǒmen yìqǐ cānjiā Dīng Bǎ Jié. Wǒ xīwàng nǐ búhuì jùjué. Nǐ de sūnzi Huáng Shī gǎnjī nǐ, xiàng nǐ kòutóu yìbǎi cì.

Sūn Wùkōng bǎ yāoqǐng shū huán gěi le Lǜ Liǎn. Móguǐ zǒu xià le shān. Tā zǒu hòu, Sūn Wùkōng bǎ yāoqǐng shū shàng shuō de huà gàosù qítā rén. Ránhòu tāmen jìxù zǒu, zhídào tāmen lái dào shāndòng. Zài shāndòng wàimiàn, yìqún xiǎo móguǐ zài shùxià wán. Dāng xiǎo móguǐ kàndào zhū hé yáng de shíhòu, tāmen bǎ tāmen zhuāzhù bǎng le qǐlái. Mówáng tīngdào shēngyīn, lái dào le wàimiàn.

"Ó, nǐmen huílái le," tā shuō. "Nǐmen mǎi le zhū yáng le ma?"

Sūn Wùkōng huídá shuō, "Bā tóu zhū, qī zhī yáng. Zhū yòng le shíliù liǎng yínzi, yáng jiǔ liǎng yínzi. Nǐ gěi le wǒmen èrshí liǎng yínzi, suǒyǐ wǒmen qiàn zhège mài zhū yáng de rén wǔ liǎng yínzi."

Mówáng duì yí gè xiǎo móguǐ shuō, "Qù gěi zhège mài zhū yáng de rén qǔ wǔ liǎng yínzi."

邀请书，给了<u>孙悟空</u>。上面写着，

> 哦，伟大的<u>九灵元圣</u>，我希望你明天能和我们一起参加钉钯节。我希望你不会拒绝。你的孙子<u>黄狮</u>感激你，向你叩头一百次。

<u>孙悟空</u>把邀请书还给了<u>绿脸</u>。魔鬼走下了山。他走后，<u>孙悟空</u>把邀请书上说的话告诉其他人。然后他们继续走，直到他们来到山洞。在山洞外面，一群小魔鬼在树下玩。当小魔鬼看到猪和羊的时候，他们把它们抓住绑了起来。魔王听到声音，来到了外面。

"哦，你们回来了，"他说。"你们买了猪羊了吗？"

<u>孙悟空</u>回答说，"八头猪，七只羊。猪用了十六两银子，羊九两银子。你给了我们二十两银子，所以我们欠这个卖猪羊的人五两银子。"

魔王对一个小魔鬼说，"去给这个卖猪羊的人取五两银子。"

"Dàrén," Sūn Wùkōng shuō, "wǒ gàosù mài zhū yáng de rén, tā kěyǐ liúxiàlái cānjiā yànhuì. Tā hěn è yě hěn kě."

"Gāisǐ de, Gǔguài Diāozuān, wǒ ràng nǐ qù mǎi yìxiē zhū hé yáng, búshì ràng nǐ qù yāoqǐng rénmen cānjiā wǒmen de yànhuì." Tā bǎ wǔ liǎng yínzi gěi le mài zhū yáng de rén, shuō, "Zhè shì nǐ de yínzi. Gēn wǒ yìqǐ qù shāndòng hòumiàn, chī diǎn hē diǎn dōngxi. Dàn búyào pèng rènhé dōngxi, yě búyào gàosù rènhé rén nǐ zài zhèlǐ kàndào de dōngxi."

Tāmen zǒu jìn le shāndòng de hòumiàn. Zhuōzi shàng fàngzhe Zhū de jiǔ chǐ bàzi, bàzi shàng fāchū xǔduō yánsè. Pángbiān shì hóuzi de jīn gū bàng, zhuōzi de yìbiān shì Shā de guǎizhàng. Zhū kàndào bàzi, jiù rěnbúzhù le. Tā zhuāzhù tā, biàn huí le tā zìjǐ de yàngzi. Tā pǎo xiàng mówáng, zài kōngzhōng huīdòngzhe bàzi. Sūn Wùkōng hé Shā yě zhuāqǐ wǔqì, biàn huí le tāmen zìjǐ de yàngzi.

Mówáng pǎo qù zhuāqǐ le tā zìjǐ de wǔqì, yì bǎ Sì Míng Chǎn, cháng cháng de bǎshǒu, jiān jiān de tóu. "Nǐmen shì shuí, lái tōu wǒ

"大人，"孙悟空说，"我告诉卖猪羊的人，他可以留下来参加宴会。他很饿也很渴。"

"该死的，古怪刁钻，我让你去买一些猪和羊，不是让你去邀请人们参加我们的宴会。"他把五两银子给了卖猪羊的人，说，"这是你的银子。跟我一起去山洞后面，吃点喝点东西。但不要碰任何东西，也不要告诉任何人你在这里看到的东西。"

他们走进了山洞的后面。桌子上放着猪的九齿耙子，耙子上发出许多颜色。旁边是猴子的金箍棒，桌子的一边是沙的拐杖。猪看到耙子，就忍不住了。他抓住它，变回了他自己的样子。他跑向魔王，在空中挥动着耙子。孙悟空和沙也抓起武器，变回了他们自己的样子。

魔王跑去抓起了他自己的武器，一把四明铲[22]，长长的把手，尖尖的头。"你们是谁，来偷我

---

[22] The four lights may refer to the four openings in Daoist sacred mountains, which allow light from the sun, moon, stars and constellations to shine through.

de bǎobèi?" tā hǎn dào.

Sūn Wùkōng duì tā hǎn dào, "Nǐ zhè zhī máo shòu, wǒ yào zhuā nǐ! Nǐ bù zhīdào wǒ. Wǒ shì Táng héshang de túdì. Wǒmen lái dào zhèlǐ shí, wángzǐ shuō, tā de sān gè érzi qǐng wǒmen gěi tāmen shàng zhàndòu kè. Tāmen zhèngzài zhàozhe wǒmen de wǔqì, zào tāmen zìjǐ de wǔqì. Wǒmen bǎ wǒmen de wǔqì liú zài yuànzi lǐ yí gè wǎnshàng. Nǐ tōu le tāmen! Xiànzài nǐ shuō wǒmen zài tōu nǐ de bǎobèi. Zhàn zài nàlǐ búyào dòng, shì shì wǒ de bàng!"

Zhè zhēnshì yì chǎng zhàndòu!

    Bàng xiàng fēng

    Bàzi xiàng yǔdiǎn

    Guǎizhàng xiàng wù fēi mǎn tiānkōng

    Móguǐ de Sì Míng Chǎn shēngchū duǒ duǒ báiyún

    Sān túdì lùchū tāmen de qiángdà

    Xié jīng bù gāi tōuzǒu tāmen de bǎobèi

Tāmen yìzhí zhàndòu dào tàiyáng xī xià.Guò le yīhuǐ'er, móguǐ lèi le, méiyǒu bànfǎ zài zhàndòu le. Tā pǎo chū shāndòng, xiàng fēng yíyàng xiàng dōngnán fāngxiàng fēi qù.

的宝贝？"他喊道。

孙悟空对他喊道，"你这只毛兽，我要抓你！你不知道我。我是唐和尚的徒弟。我们来到这里时，王子说，他的三个儿子请我们给他们上战斗课。他们正在照着我们的武器，造他们自己的武器。我们把我们的武器留在院子里一个晚上。你偷了它们！现在你说我们在偷你的宝贝。站在那里不要动，试试我的棒！"

这真是一场战斗！

 棒像风
 耙子像雨点
 拐杖像雾飞满天空
 魔鬼的四明铲生出朵朵白云
 三徒弟露出他们的强大
 邪精不该偷走他们的宝贝

他们一直战斗到太阳西下。过了一会儿，魔鬼累了，没有办法再战斗了。他跑出山洞，像风一样向东南方向飞去。

Zhū fēi zài tā hòumiàn, dàn Sūn Wùkōng shuō, "Ràng tā zǒu ba. Wǒmen ràng tā méiyǒu shénme kěyǐ zài huílái de." Tāmen shāsǐ le dònglǐ suǒyǒu de xiǎo móguǐ. Xiǎo móguǐ sǐ hòu biànchéng le lǎohǔ, láng, bàozi, lù hé shānyáng. Shā zhǎodào yìxiē gān mùtou, diǎn le huǒ. Zhū shāndòng tā de ěrduǒ, ràng huǒ shāo dé gèng dà. Huǒ shāohuǐ le dònglǐ de yíqiè. Ránhòu tāmen bǎ yìxiē sǐqù de dòngwù dài huí le chénglǐ.

Tāmen jiàndào le lǎo wángzǐ, bǎ yíqiè dōu gàosù le tā. Wángzǐ tīngshuō tāmen yíng le, hěn gāoxìng, dàn tā hàipà mówáng yǐhòu huì huí dào chénglǐ zhǎo máfan.

"Diànxià, bié dānxīn," Sūn Wùkōng shuō. "Jīntiān zǎoshàng, wǒmen tīngshuō míngtiān huì yǒu yì chǎng yànhuì. Qízhōng yí wèi kèrén jiāng shì yí gè míng jiào Jiǔ Líng Yuán Shèng de móguǐ. Wǒ xiǎng zhè shì mówáng de yéye. Mówáng de míngzì jiào Huáng Shī. Wǒ xiǎng mówáng yǐjīng qù jiàn tā de yéye le. Wǒ rènwéi tāmen míngtiān huì huílái bàochóu." Lǎo wángzǐ xiàng tā dàoxiè. Tāmen chīguò wǎnfàn, dōu shàngchuáng shuìjiào le.

Zhèshí, Huáng Shī shì qù jiàn le tā de yéye. Tā fēi le yì zhěng yè, zài wǔ gēng zuǒyòu, tàiyáng zhèng cóng dōngfāng qǐlái de shíhòu dào

猪飞在他后面,但孙悟空说,"让他走吧。我们让他没有什么可以再回来的。"他们杀死了洞里所有的小魔鬼。小魔鬼死后变成了老虎,狼,豹子,鹿和山羊。沙找到一些干木头,点了火。猪扇动他的耳朵,让火烧得更大。火烧毁了洞里的一切。然后他们把一些死去的动物带回了城里。

他们见到了老王子,把一切都告诉了他。王子听说他们赢了,很高兴,但他害怕魔王以后会回到城里找麻烦。

"殿下,别担心,"孙悟空说。"今天早上,我们听说明天会有一场宴会。其中一位客人将是一个名叫九灵元圣的魔鬼。我想这是魔王的爷爷。魔王的名字叫黄狮。我想魔王已经去见他的爷爷了。我认为他们明天会回来报仇。"老王子向他道谢。他们吃过晚饭,都上床睡觉了。

这时,黄狮是去见了他的爷爷。他飞了一整夜,在五更左右,太阳正从东方起来的时候到

le tā yéye de shāndòng. Tā jìnqù. Kàndào tā yéye shí, tā guì dǎo zài dìshàng kū le.

"Hǎo sūnzi, nǐ wèishénme kū?" Jiǔ Líng Yuán Shèng wèn. "Wǒ zhèng zhǔnbèi lái cānjiā nǐ de yànhuì."

"Jīntiān búhuì yǒu yànhuì le," mówáng kū dào. "Wǒ xiǎng jǔbàn yì chǎng yànhuì, ràng nǐ kàn kàn wǒ zhǎodào de sān jiàn jíhǎo de wǔqì. Wǒ ràng liǎng gè púrén qù mǎi yìxiē yànhuì yòng de yáng hé zhū. Tāmen dàizhe dòngwù huílái le, tāmen dàilái le yí gè mǎimài rén. Tā è le, suǒyǐ wǒ gěi le tā yìxiē chīde dōngxi. Dāng kàndào wǔqì shí, tāmen sān gè rén dōu biànchéng le kěpà de móguǐ, kāishǐ hé wǒ zhàndòu. Yígèrén yǒu yì zhāng máo liǎn, kànqǐlái xiàng yí gè léishén. Hái yǒu yígèrén yǒu cháng cháng de bízi hé dà ěrduǒ. Dì sān gè shì zhǎng yì zhāng kěpà de liǎn de dà gèzi. Tāmen shuō, tāmen shì xīyóu de Táng héshang de túdì. Tāmen dōu shì fēicháng hǎo de zhànshì. Wǒ bùnéng yíng tāmen. Suǒyǐ wǒ lái zhèlǐ jiàn nǐ. Rúguǒ nǐ ài nǐ de sūnzi, qǐng bāng wǒ, ná zhè sān gè rén bàochóu."

Yéye xiǎng le yì fēnzhōng, ránhòu shuō, "Sūnzi, nǐ bù gāi pèng zhè sān gè rén. Dà ěrduǒ shì Zhū Bājiè. Dà gèzi shì Shā Wù

了他爷爷的山洞。他进去。看到他爷爷时,他跪倒在地上哭了。

"好孙子,你为什么哭?"<u>九灵元圣</u>问。"我正准备来参加你的宴会。"

"今天不会有宴会了,"魔王哭道。"我想举办一场宴会,让你看看我找到的三件极好的武器。我让两个仆人去买一些宴会用的羊和猪。他们带着动物回来了,他们带来了一个买卖人。他饿了,所以我给了他一些吃的东西。当看到武器时,他们三个人都变成了可怕的魔鬼,开始和我战斗。一个人有一张毛脸,看起来像一个雷神。还有一个人有长长的鼻子和大耳朵。第三个是长一张可怕的脸的大个子。他们说,他们是西游的<u>唐</u>和尚的徒弟。他们都是非常好的战士。我不能赢他们。所以我来这里见你。如果你爱你的孙子,请帮我,拿这三个人报仇。"

爷爷想了一分钟,然后说,"孙子,你不该碰这三个人。大耳朵是<u>猪八戒</u>。大个子是<u>沙悟</u>

Jìng. Tāmen hái kěyǐ. Dàn nà máo liǎn shì Sūn Wùkōng. Wǔbǎi nián qián, tā zài tiānshàng zhǎo máfan, shí wàn shìbīng dōu bùnéng zǔzhǐ tā. Nǐ wèishénme yào ràng tā shēngqì? Hǎoba, méiguānxì. Wǒ huì bāng nǐ de."

Huáng Shī kòutóu dàoxiè. Jiǔ Líng Yuán Shèng yòu jiàolái le tā lìngwài liù gè sūnzi, dōu shì shīzi móguǐ. Tāmen bā rén gēnzhe fēng fēixíng, hěnkuài dào le Bào Tóu Shān. Dàn dāng tāmen lái dào shāndòng shí, tāmen kàndào de zhǐyǒu yān hé huǒ. Zài shāndòng qián, Diāozuān Gǔguài hé Gǔguài Diāozuān zuò zài dìshàng kū.

"Nǐmen zhēnde shì Diāozuān Gǔguài hé Gǔguài Diāozuān ma?" Huáng Shī hǎn dào.

"Zhēnde shì wǒmen," tāmen huídá shuō, réngrán zài kū. "Zuótiān wǒmen yùdào le yí gè héshang, tā de liǎn xiàng léishén. Tā shuō le yìxiē mó yǔ, zhīhòu wǒmen jiù bùnéng dòng le. Tā tōuzǒu le wǒmen de yínzi hé tōngxíngzhèng. Jīntiān zǎoshàng, wǒmen zhōngyú kěyǐ dòng le. Wǒmen lái dào zhèlǐ, kàndào shāndòng lǐ de suǒyǒu dōngxi dōu bèi shāohuǐ le."

Huáng Shī tīzhe jiǎo, dà hǎn dào, "È shòu! Nǐ zěnme néng zhèyàng

净。他们还可以。但那毛脸是孙悟空。五百年前，他在天上找麻烦，十万士兵都不能阻止他。你为什么要让他生气？好吧，没关系。我会帮你的。"

黄狮叩头道谢。九灵元圣又叫来了他另外六个孙子，都是狮子魔鬼。他们八人跟着风飞行，很快到了豹头山。但当他们来到山洞时，他们看到的只有烟和火。在山洞前，刁钻古怪和古怪刁钻坐在地上哭。

"你们真的是刁钻古怪和古怪刁钻吗？"黄狮喊道。

"真的是我们，"他们回答说，仍然在哭。"昨天我们遇到了一个和尚，他的脸像雷神。他说了一些魔语，之后我们就不能动了。他偷走了我们的银子和通行证。今天早上，我们终于可以动了。我们来到这里，看到山洞里的所有东西都被烧毁了。"

黄狮踢着脚，大喊道，"恶兽！你怎么能这样

zuò? Nǐ shāohuǐ le wǒ de shāndòng, shāsǐ le suǒyǒu rén, hái yǒu wǒ de nǚ péngyǒu. Wǒ fēicháng shēngqì, wǒ kěyǐ sǐ le!" Ránhòu tā pū dǎo zài shān biān, bǎtóu zhuàng zài shí qiáng shàng. Zhídào tā de liǎng gè xiōngdì zhuāzhù tā, tā cái tíngxiàlái. Ránhòu tāmen dōu líkāi le shāndòng, fēi xiàng chéngshì.

Chénglǐ de rén táiqǐ tóu kàn, kàndào yì qún fènnù de móguǐ xiàng tāmen fēi lái. Tāmen dōu pǎo jìn wūlǐ, suǒshàng mén. Lǎo wángzǐ kàndào fēi lái de móguǐ, wèn dào, "Wǒmen gāi zěnme bàn?"

"Búyào dānxīn," Sūn Wùkōng huídá. "Zhǐshì nàge Hǔkǒu Dòng lái de xié jīng, hái yǒu nàge jiào zìjǐ Jiǔ Líng Yuán Shèng de rén, kěnéng háiyǒu qítā jǐ gè móguǐ. Méi wèntí. Ràng měi gè rén dōu liú zài jiāzhōng. Wǒmen huì jiějué zhè shì." Ránhòu tā hé Zhū, Shā yìqǐ fēi xiàng tiānkōng, qù hé móguǐ zhàndòu.

做?你烧毁了我的山洞,杀死了所有人,还有我的女朋友。我非常生气,我可以死了!"然后他扑[23]倒在山边,把头撞[24]在石墙上。直到他的两个兄弟抓住他,他才停下来。然后他们都离开了山洞,飞向城市。

城里的人抬起头看,看到一群愤怒的魔鬼向他们飞来。他们都跑进屋里,锁上门。老王子看到飞来的魔鬼,问道,"我们该怎么办?"

"不要担心,"孙悟空回答。"只是那个虎口洞来的邪精,还有那个叫自己九灵元圣的人,可能还有其他几个魔鬼。没问题。让每个人都留在家中。我们会解决这事。"然后他和猪、沙一起飞向天空,去和魔鬼战斗。

---

[23] 扑　　pū – to throw oneself
[24] 撞　　zhuàng – to knock against, to run into

Dì 90 Zhāng

Sān gè túdì kàndào yì qún móguǐ xiàng tāmen fēi lái. Fēi zài qiánmiàn de shì jiào Huáng Shī de mówáng. Tā de liù gè xiōngdì zài tā shēnhòu. Zhōngjiān shì jiào Jiǔ Líng Yuán Shèng de jiǔ tóu shīzi. Lǜ Liǎn móguǐ zài jiǔ tóu shīzi de tóudǐng shàng jǔzhe yí miàn fǎ chuáng. Diāozuān Gǔguài hé Gǔguài Diāozuān zài liǎngbiān jǔzhe hóngqí.

Dāng tāmen fēi jìn shí, Zhū duì shīzi dà hǎn, "Yāoguài! Xiǎotōu! Tōu bǎobèi de rén!"

Huáng Shī yě hǎn dào, "Nǐmen wèishénme yào shāo wǒ de shāndòng, shā wǒ de jiārén? Wǒ hé nǐmen de chóu xiàng dàhǎi yíyàng shēn. Zài nà

第 90 章[25]

三个徒弟看到一群魔鬼向他们飞来。飞在前面的是叫黄狮的魔王。他的六个兄弟在他身后。中间是叫九灵元圣的九头狮子。绿脸魔鬼在九头狮子的头顶上举着一面法幢[26]。刁钻古怪和古怪刁钻在两边举着红旗。

当他们飞近时,猪对狮子大喊,"妖怪!小偷!偷宝贝的人!"

黄狮也喊道,"你们为什么要烧我的山洞,杀我的家人?我和你们的仇像大海一样深。在那

---

[25] Each chapter in this novel has a title as well as a number. To keep things simple we have not shown the chapter titles in these books. But the title of this chapter is a fun one. It's 师狮授受同归一盗道缠禅静九灵 (Shī shī shòu shòu tóng guī yī dào dào chán chán jìng jiǔ líng). As you can see, it's a series of word pairs that have the same sound. For example, 师狮 is shī shī and means "teachers and lions." 授受 is shòu shòu and means "give and receive," and so on. The whole title is somewhat cryptic but could be translated as "Teachers and lions, giving and receiving, return to the One. Thieves and Dao, entangled in meditation, pacify the Ninefold Spirit."

[26] 法幢 fǎ chuáng – flower flags. These look like colorful windsocks with tassels at the end and are used in Buddhist dojos.

lǐ búyào dòng, shì shì wǒ de Sì Míng Chǎn!"

Zhàndòu kāishǐ le. Huáng Shī hé tā de liǎng gè xiōngdì gēn Zhū zhàndòu. Qítā sì zhī shīzi gōngjī le Shā hé Sūn Wùkōng. Zhēnshì yì chǎng zhàndòu!

> Qī zhī shīzi dàizhe qī jiàn qiángdà de wǔqì
> Wéizhe sān wèi héshang dà hǎn dà jiào
> Dà shèng de bàng hěn lìhài
> Shā de guǎizhàng tiānxià méiyǒu dōngxi néng hé tā bǐ
> Zhū de bàzi fāchū míngliàng de cǎi guāng
> Tāmen hé qī zhī shīzi zhàndòu
> Chénglǐ, wángzǐ de shìbīng qiāo luó dǎ gǔ
> Tāmen zài tiānkōng zhōng zhàndòu, zhídào tiāndì biàn hēi'àn

Zhàndòu jìxù le bàntiān. Yèwǎn dàolái shí, Zhū lèi le. Tā xiǎngyào fēizǒu, dàn tā bèi liǎng gè shīzi móguǐ zhuāzhù le. Tāmen bǎ tā dài dào Jiǔ Líng Yuán Shèng miànqián, shuō, "Yéye, wǒmen zhuādào le tāmen zhōng de yí gè!"

Zhèshí, Sūn Wùkōng hé Shā yìqǐ zhèng hé lìngwài wǔ zhī shīzi móguǐ zhàndòu. Tāmen zhuāzhù le liǎng gè shīzi móguǐ, dàn qítā de dōu

里不要动,试试我的四明铲!"

战斗开始了。黄狮和他的两个兄弟跟猪战斗。其他四只狮子攻击了沙和孙悟空。真是一场战斗!

> 七只狮子带着七件强大的武器
> 围着三位和尚大喊大叫
> 大圣的棒很厉害
> 沙的拐杖天下没有东西能和它比
> 猪的耙子发出明亮的彩光
> 他们和七只狮子战斗
> 城里,王子的士兵敲锣打鼓
> 他们在天空中战斗,直到天地变黑暗

战斗继续了半天。夜晚到来时,猪累了。他想要飞走,但他被两个狮子魔鬼抓住了。他们把他带到九灵元圣面前,说,"爷爷,我们抓到了他们中的一个!"

这时,孙悟空和沙一起正和另外五只狮子魔鬼战斗。他们抓住了两个狮子魔鬼,但其他的都

táozǒu le.

Jiǔ Líng Yuán Shèng kàndào le zhè. Tā shuō, "Bǎ zhū bǎng qǐlái, dàn búyào shā tā. Dāng tāmen bǎ wǒmen de shīzi huán gěi wǒmen shí, wǒmen jiù huì bǎ zhū gěi tāmen. Rúguǒ bù gěi, nàme wǒmen jiù huì shā le tā."

Sūn Wùkōng hé Shā jiāng liǎng gè shīzi qiúfàn dài huí le chénglǐ. Shìbīngmen bǎ tāmen bǎng le qǐlái. Tángsēng wèn Zhū shì búshì hái huózhe. "Shìde," Sūn Wùkōng huídá shuō, "dàn bié dānxīn. Míngtiān wǒmen jiāng yòng zhè liǎng zhī shīzi huàn huí Zhū. Tāmen búhuì shānghài tā de."

Dì èr tiān límíng shí, Jiǔ Líng Yuán Shèng gàosù Huáng Shī tā de jìhuà. "Nǐ bìxū zhuāzhù hóuzi hé lìng yí gè héshang. Wǒ jiāng shìzhe zhuāzhù tāmen de shīfu, lǎo wángzǐ hé tā desān gè érzi. Zhīhòu, wǒmen zài wǒ de shāndòng lǐ jiànmiàn."

Suǒyǐ Huáng Shī hé tā desì gè xiōngdì huíqù dǎ Sūn Wùkōng hé Shā. Tiānkōng chù chù dōu zài zhàndòu. Shùmù dǎo le, zhàndòu xiàhuài le hǔ hé láng, yě ràng shén hé guǐ dānxīn. Jiù zài tāmen zài tiānkōng zhōng zhàndòu de shíhòu, Jiǔ Líng Yuán Shèng fēi xiàng chéngshì. Tā yáo le yíxià tā

逃走了。

九灵元圣看到了这。他说，"把猪绑起来，但不要杀它。当他们把我们的狮子还给我们时，我们就会把猪给他们。如果不给，那么我们就会杀了他。"

孙悟空和沙将两个狮子囚犯带回了城里。士兵们把他们绑了起来。唐僧问猪是不是还活着。"是的，"孙悟空回答说，"但别担心。明天我们将用这两只狮子换回猪。他们不会伤害他的。"

第二天黎明时，九灵元圣告诉黄狮他的计划。"你必须抓住猴子和另一个和尚。我将试着抓住他们的师父、老王子和他的三个儿子。之后，我们在我的山洞里见面。"

所以黄狮和他的四个兄弟回去打孙悟空和沙。天空处处都在战斗。树木倒了，战斗吓坏了虎和狼，也让神和鬼担心。就在他们在天空中战斗的时候，九灵元圣飞向城市。他摇了一下他

de jiǔ gè shīzi tóu, xiàhuài le shǒuwèi de shìbīng. Ránhòu tā yòng wǔ zhāng zuǐ zhuāzhù le Tángsēng, lǎo wángzǐ hé sān gè xiǎo yāo wángzǐ. Tā bǎ tāmen dài dào le guān Zhū de dìfāng. Tā yòu zhāng kāi lìng yì zhāng zuǐ, zhuāzhù le Zhū.

Xiànzài, tā de liù zhāng zuǐ lǐ zhuāngzhe qiúfàn. Tā yòng lìngwài sān zhāng zuǐ, duì tā desūnzimen hǎn dào, "Wǒ zhuādào le wǒ de qiúfàn, wǒ xiànzài yào zǒu le!" Qítā de shīzi gēngjiā nǔlì de hé Sūn Wùkōng, Shā zhàndòu. Sūn Wùkōng báxià tā shǒubì shàng suǒyǒu de máofǎ, jǔjué le yíxià, tǔ chūlái. Máofà biànchéng le yìqiān zhī xiǎo hóuzi. Suǒyǒu de xiǎo hóuzi dōu gōngjī shīzi. Shīzi men dǎng bú zhù tāmen. Xiǎo hóuzi shāsǐ le Huáng Shī, zhuā le qítā sì zhī shīzi. Diāozuān Gǔguài, Gǔguài Diāozuān hé Lǜ Liǎn dōu táozǒu le.

Sūn Wùkōng bǎ shīzi dài huí chénglǐ. Shìbīngmen dǎkāi le chéng mén. Tāmen bǎ sì zhī shīzi bǎngqǐlái, hé lìngwài liǎng zhī shīzi guān zài yìqǐ. Sūn Wùkōng duì shìbīngmen shuō, "Bǎ Huáng Shī de pí bō le. Búyào ràng qítā liù zhī shīzi táozǒu. Ná xiē fàncài gěi wǒ

的九个狮子头，吓坏了守卫的士兵。然后他用五张嘴抓住了<u>唐僧</u>、老王子和三个小王子。他把他们带到了关<u>猪</u>的地方。他又张开另一张嘴，抓住了<u>猪</u>。

现在，他的六张嘴里装着囚犯。他用另外三张嘴，对他的孙子们喊道，"我抓到了我的囚犯，我现在要走了！"其他的狮子更加努力地和<u>孙悟空</u>、<u>沙</u>战斗。<u>孙悟空</u>拔下他手臂上所有的毛发，咀嚼了一下，吐出来。毛发变成了一千只小猴子。所有的小猴子都攻击狮子。狮子们挡不住他们。小猴子杀死了<u>黄狮</u>，抓了其他四只狮子。<u>刁钻古怪</u>、<u>古怪刁钻</u>和<u>绿脸</u>都逃走了。

<u>孙悟空</u>把狮子带回城里。士兵们打开了城门。他们把四只狮子绑起来，和另外两只狮子关在一起。<u>孙悟空</u>对士兵们说，"把<u>黄狮</u>的皮剥[27]了。不要让其他六只狮子逃走。拿些饭菜给我

---

[27] 剥　　bō – to flay, to peel

men."

Dì èr tiān zǎoshàng, Sūn Wùkōng hé Shā fēi dào Jiǔ Líng Yuán Shèng zhù de Zhú Jié Shān. Tāmen tíng xiàlái kàn le sìzhōu. Tūrán, tāmen kàndào le Lǜ Liǎn. "Nǐ yào qù nǎlǐ?" Sūn Wùkōng hǎn dào. Lǜ Liǎn zhuǎnshēn xiǎng táopǎo, dàn tā diào jìn le shāngǔ. Liǎng gè héshang xià dào shāngǔ lǐ qù zhǎo tā. Tāmen zhǎobúdào tā, dàn tāmen fāxiàn le yí gè shāndòng de rùkǒu, rùkǒu chù yǒu yí duì shímén. Mén shàngmiàn yǒu yí kuài páizi, shàngmiàn xiězhe, "Zhú Jié Shān. Jiǔ Qū Pánhuán Dòng."

Shāndòng lǐ, Lǜ Liǎn xiàng Jiǔ Líng Yuán Shèng bàogào shuō, "Dàrén, wàimiàn yǒu liǎng gè chǒu héshang. Dàn wǒ méiyǒu jiàndào nǐ de sūnzi."

Jiǔ Líng Yuán Shèng dīxià tou kū le, shuō, "Zhè tài kěpà le. Wǒ de sūnzi kěnéng yǐjīng sǐ le. Wǒ gāi zěnme bàochóu?"

Zhū bèi bǎng zài fùjìn. Tā tīngdào le zhè huà. Tā xiàozhe shuō, "Bié nánguò, lǎotóu. Wǒ de gēge yíng le. Tā yǐjīng zhuā le suǒyǒu de móguǐ. Xiànzài tā huì lái jiù wǒmen."

Jiǔ Líng Yuán Shèng méiyǒu zài shuōhuà, tā tuīkāi shímén, zǒuchū le shāndòng. Tā zhāngkāi zuǐ, fēikuài de zhuāzhù le Sūn Wùkōng hé Shā. Tā

们。"

第二天早上,孙悟空和沙飞到九灵元圣住的竹节山。他们停下来看了四周。突然,他们看到了绿脸。"你要去哪里?"孙悟空喊道。绿脸转身想逃跑,但他掉进了山谷。两个和尚下到山谷里去找他。他们找不到他,但他们发现了一个山洞的入口,入口处有一对石门。门上面有一块牌子,上面写着,"竹节山。九曲盘桓洞。"

山洞里,绿脸向九灵元圣报告说,"大人,外面有两个丑和尚。但我没有见到你的孙子。"

九灵元圣低下头哭了,说,"这太可怕了。我的孙子可能已经死了。我该怎么报仇?"

猪被绑在附近。他听到了这话。他笑着说,"别难过,老头。我的哥哥赢了。他已经抓了所有的魔鬼。现在他会来救我们。"

九灵元圣没有再说话,他推开石门,走出了山洞。他张开嘴,飞快地抓住了孙悟空和沙。他

bǎ tāmen dài jìn le shāndòng. Tā duì Sūn Wùkōng shuō, "Hěn hǎo. Nǐ zhuā le wǒ de qí gè sūnzi. Dànshì wǒ yǒu sì gè héshang hé sì gè wángzǐ. Wǒmen kěyǐ huàn. Dàn nǐ xiān yào bèi dǎ yí dùn. Xiǎodemen, kāishǐ ba!"

Sān gè xiǎo móguǐ kāishǐ yòng liǔ bàng dǎ Sūn Wùkōng. Dàn zhè duì Sūn Wùkōng lái shuō yìdiǎn shì dōu méiyǒu. Móguǐ cóng zǎoshàng dào wǎnshàng bùtíng de dǎ tā. Zuìhòu, lǎo móguǐ duì tāmen shuō, "Kěyǐ le. Qù chī diǎn hē diǎn dōngxi. Wǒ yào shuìjiào le."

Sān gè xiǎo móguǐ jìxù zhěng yè de dǎ Sūn Wùkōng, dàn méiyǒu hěnjiǔ, tāmen jiù lèi le, shuìzháo le. Děng tāmen shuìzháo hòu, Sūn Wùkōng jiù yòng tā demófǎ bǎ tā zìjǐ biàn xiǎo. Tā cóng bǎngzhe tā de shéngzi zhōng táo le chūlái. Tā cóng ěrduǒ lǐ náchū jīn gū bàng, ràng tā zhǎng dào èrshí chǐ cháng, zá zài sān gè xiǎo móguǐ de tóu shàng, mǎshàng shāsǐ le tāmen.

Jiǔ Líng Yuán Shèng tīngdào le shēngyīn. Tā názhe yì zhī dēnglóng pǎo jìn dàdiàn. Sūn Wùkōng zhǐhǎo mǎshàng líkāi. Tā sōngkāi le Shā, ránhòu tā fēi chū le shāndòng. Jiǔ Líng Yuán Shèng zhuā zhù le Shā, yòu bǎ tā bǎng le qǐlái.

把他们带进了山洞。他对<u>孙悟空</u>说,"很好。你抓了我的七个孙子。但是我有四个和尚和四个王子。我们可以换。但你先要被打一顿。小的们,开始吧!"

三个小魔鬼开始用柳棒打<u>孙悟空</u>。但这对<u>孙悟空</u>来说一点事都没有。魔鬼从早上到晚上不停地打他。最后,老魔鬼对他们说,"可以了。去吃点喝点东西。我要睡觉了。"

三个小妖继续整夜的打<u>孙悟空</u>,但没有很久,他们就累了,睡着了。等他们睡着后,<u>孙悟空</u>就用他的魔法把他自己变小。他从绑着他的绳子中逃了出来。他从耳朵里拿出金箍棒,让它长到二十尺长,砸在三个小魔鬼的头上,马上杀死了他们。

<u>九灵元圣</u>听到了声音。他拿着一只灯笼跑进大殿。<u>孙悟空</u>只好马上离开。他松开了<u>沙</u>,然后他飞出了山洞。<u>九灵元圣</u>抓住了<u>沙</u>,又把他绑了起来。

Sūn Wùkōng fēikuài de fēi huí chénglǐ. Zài tā fēixíng de shíhòu, bànkōng zhōng yùdào le Jīn Tóu Jiē Dì, Hēi'àn Liùshén hé Guāngmíng Liùshén. Tāmen shǒuwèizhe tǔdì shén. Tāmen shuō, "Dà shèng, wǒmen yǐjīng zhuāzhù le zhège móguǐ, bǎ tā dài dào zhèlǐ lái gěi nǐ."

Sūn Wùkōng shuō, "Nǐmen wèishénme huì zài zhèlǐ? Nǐmen yīnggāi shì huí chénglǐ, bǎohù wǒ de shīfu."

"Dà shèng," tāmen huídá shuō, "nǐ líkāi Jiǔ Qū Pánhuán Dòng hòu, jiǔ tóu shīzi yòu zhuā le nǐ de dìdi Shā. Zhè zhī shīzi fēicháng qiángdà. Suǒyǐ wǒmen zhuā le zhège tǔdì shén, tā fùzé shīzi shāndòng nàlǐ de Zhú Jié Shān. Wǒmen xīwàng tā zhīdào zhè zhī shīzi. Rúguǒ nǐ xiǎng dehuà, nǐ kěyǐ wèn tā."

Sūn Wùkōng dītóu kàn tǔdì shén. Tǔdì shén xià dé fādǒu, shuō, "Móguǐ shì qiánnián lái dào Zhú Jié Shān de. Jiǔ Qū Pánhuán Dòng yǐqián shì liù zhī shīzi de jiā. Jiǔ tóu móguǐ lái le hòu, shīzimen rèn tā wèi tāmen de yéye. Rúguǒ nǐ xiǎng dǎbài tā, jiù bìxū qù dōngbian de Miào Yán Gōng. Zhǎodào shīzi de shīfu, gàosù tā fāshēng le shénme shì. Méiyǒu qítā rén néng bāng nǐ."

"Wǒ zhīdào nàge dìfāng," Sūn Wùkōng shuō. "Zhè shì Tài Yǐ

孙悟空飞快地飞回城里。在他飞行的时候，半空中遇到了金头揭谛、黑暗六神和光明六神。他们守卫着土地神。他们说，"大圣，我们已经抓住了这个魔鬼，把他带到这里来给你。"

孙悟空说，"你们为什么会在这里？你们应该是回城里，保护我的师父。"

"大圣，"他们回答说，"你离开九曲盘桓洞后，九头狮子又抓了你的弟弟沙。这只狮子非常强大。所以我们抓了这个土地神，他负责狮子山洞那里的竹节山。我们希望他知道这只狮子。如果你想的话，你可以问他。"

孙悟空低头看土地神。土地神吓得发抖，说，"魔鬼是前年来到竹节山的。九曲盘桓洞以前是六只狮子的家。九头魔鬼来了后，狮子们认他为他们的爷爷。如果你想打败他，就必须去东边的妙岩宫。找到狮子的师父，告诉他发生了什么事。没有其他人能帮你。"

"我知道那个地方，"孙悟空说。"这是太乙

Jiù Kǔ Tiānzūn de jiā. Nà lǐ yǒu yì zhī dòngwù, yì zhī jiǔ tóu shīzi, shēnghuó zài tā de bǎozuò xià. Wǒ qù nàlǐ. Nǐmen dōu liú zài zhèlǐ. Bǎohù chéngshì hé wǒ de shīfu."

Sūn Wùkōng yòng tā de jīndǒu yún fēi shàng le tiān. Tā dào le tiāngōng de dōngmén. Guǎng Mù Tiānwáng kàndào tā, wèn tā yào qù nǎlǐ. Tā huídá shuō, "Wǒ yào qù dōng tiān Miào Yán Gōng."

"Dàn wèishénme ne?" Guǎng Mù Tiānwáng wèn.

"Wǒmen xīyóu lái dào le Yùhuá Wángguó, jiàndào le chéng lǐ de wángzǐ. Tā de sān gè érzi xīwàng wǒmen jiāo tāmen zěnme yòng wǔqì. Dànshì wǒmen de wǔqì bèi yì qún shīzi yāoguài tōuzǒu le. Tāmen bǎ wǒ de shīfu hé wǒ de xiōngdìmen guān le qǐlái. Xiànzài wǒ bìxū yào qǐng Tài Yǐ Jiù Kǔ Tiānzūn xiángfú nàge shīzi yāoguài de

救苦天尊的家。那里有一只动物，一只九头狮子，生活在他的宝座下。我去那里。你们都留在这里。保护城市和我的师父。"

孙悟空用他的筋斗云飞上了天。他到了天宫的东门。广目天王[28]看到他，问他要去哪里。他回答说，"我要去东天妙岩宫。"

"但为什么呢？"广目天王问。

"我们西游来到了玉华王国，见到了城里的王子。他的三个儿子希望我们教他们怎么用武器。但是我们的武器被一群狮子妖怪偷走了。他们把我的师父和我的兄弟们关了起来。现在我必须要请太乙救苦天尊降伏[29]那个狮子妖怪的

---

[28] Virupaska, known in Chinese as 广目天王 (Guǎngmù Tiānwáng) is one of the Four Heavenly Kings in Buddhism. He has red skin, wears armor, and often is shown holding a red lasso which he uses to snare people into the Buddhist faith. He can see great distances and knows the karma of sentient beings.

[29] 降伏　xiángfú – to subdue. This is used here instead of the more common 打败 (dǎbài, to defeat). 降伏 is to gain control after defeat, and is mostly used when referring to monsters and animals, such as in this case where the Celestial Worthy is the nine-head lion's master. 打败 is to defeat in competition.

shǒulǐng."

"Zhè shì nǐ de cuò. Nǐ xiǎng chéngwéi yì míng lǎoshī, zhè jiù zhǎo lái le shīzi de máfan."

"Shìde."

Guǎng Mù Tiānwáng hé tā de shìbīngmen zǒu dào yìbiān, ràng Sūn Wùkōng guòqù. Sūn Wùkōng jìxù wǎng qián zǒu, lái dào le Miào Yán Gōng. Zhèshì yí zuò jùdà de lóu, jīnsè de wūdǐng. Chùchù shì xiānhuā. Sūn Wùkōng lái dào gōng mén qián. Yí gè nánhái kàndào le tā. Tā qù Tài Yǐ Jiù Kǔ Tiānzūn nàlǐ bàogào, shuō, "Dàrén, Qí Tiān Dà Shèng, nàge zài tiānshàng zhǎo máfan de rén lái le."

Tài Yǐ Jiù Kǔ Tiānzūn cóng bǎozuò xiàlái jiàn Sūn Wùkōng, shuō, "Dà shèng, wǒ yǐjīng hěnduō nián méi jiàn nǐ le. Wǒ tīngshuō nǐ yǐjīng fàngqì le dàojiào, nǐ xiànzài shì fójiàotú le. Nǐ hé nǐ de shīfu dào xītiān le ma?"

"Wǒmen kuàiyào dào le. Wǒmen lái dào le Yùhuá Wángguó. Wángzǐ yǒu sān gè érzi. Tāmen yāoqiú wǒmen jiāo tāmen zěnme yòng wǒmen shénqí de wǔqì. Yìtiān wǎnshàng, yǒurén tōuzǒu le wǒmen de wǔqì. Wǒ fāxiàn tāmen bèi yí gè míng jiào Huáng Shī de móguǐ ná zǒu

首领。"

"这是你的错。你想成为一名老师,这就找来了狮子的麻烦。"

"是的。"

广目天王和他的士兵们走到一边,让孙悟空过去。孙悟空继续往前走,来到了妙岩宫。这是一座巨大的楼,金色的屋顶。处处是鲜花。孙悟空来到宫门前。一个男孩看到了他。他去太乙救苦天尊那里报告,说,"大人,齐天大圣,那个在天上找麻烦的人来了。"

太乙救苦天尊从宝座下来见孙悟空,说,"大圣,我已经很多年没见你了。我听说你已经放弃了道教,你现在是佛教徒了。你和你的师父到西天了吗?"

"我们快要到了。我们来到了玉华王国。王子有三个儿子。他们要求我们教他们怎么用我们神奇的武器。一天晚上,有人偷走了我们的武器。我发现他们被一个名叫黄狮的魔鬼拿走

le. Wǒ xiǎngyào ná huí wǔqì, dàn Huáng Shī hé lìngwài liù gè shīzi móguǐ liánméng, zài jiāshàng yí gè fēicháng qiángdà de móguǐ, míng jiào Jiǔ Líng Yuán Shèng. Tā shì yì zhī yǒu jiǔ gè tóu de shīzi. Kěnéng nǐ zhīdào tā ba?"

Tài Yǐ Jiù Kǔ Tiānzūn zhuǎn guò tóu qù, ràng tā de yí gè guānyuán qù jiào kānhù shīzi de núlì. Guānyuán fāxiàn núlì zài dìshàng shuìzháo le. Tāmen bǎ tā tuō dào bǎozuò fángjiān. Tài Yǐ Jiù Kǔ Tiānzūn wèn tā, "Wǒ de jiǔ tóu shīzi zài nǎlǐ?"

Núlì kòutóu shuō, "Dàrén, qǐng búyào shā wǒ. Wǒ tōu le yì hú jiǔ hē le. Wǒ yídìng shì shuìzháo le. Shīzi táo le chūqù."

"Nǐ zhège bèn rén. Nà jiǔ shì Tàishàng Lǎojūn sòng gěi wǒ de. Rúguǒ nǐ hē le tā, nǐ huì shuì sān tiān. Shīzi yǐjīng zǒu le duōshǎo tiān le?"

Sūn Wùkōng huídá shuō, "Wǒ xiǎng, Jiǔ Líng Yuán Shèng zài tā de shāndòng lǐ zhù le liǎng, sān nián."

"Shìde. Tiānshàng de yì tiān shì rénjiān de yì nián."
Ránhòu tā duì kānhù shīzi de rén shuō, "qǐlái. Wǒ huì ràng nǐ huózhe.

了。我想要拿回武器，但黄狮和另外六个狮子魔鬼联盟，再加上一个非常强大的魔鬼，名叫九灵元圣。他是一只有九个头的狮子。可能你知道他吧？"

太乙救苦天尊转过头去，让他的一个官员去叫看护狮子的奴隶。官员发现奴隶在地上睡着了。他们把他拖到宝座房间。太乙救苦天尊问他，"我的九头狮子在哪里？"

奴隶叩头说，"大人，请不要杀我。我偷了一壶酒喝了。我一定是睡着了。狮子逃了出去。"

"你这个笨人。那酒是太上老君送给我的。如果你喝了它，你会睡三天。狮子已经走了多少天了？"

孙悟空回答说，"我想，九灵元圣在他的山洞里住了两、三年。"

"是的。天上的一天是人间的一年。"然后他对看护狮子的人说，"起来。我会让你活着。

Gēn dà shèng hé wǒ qù rénjiān. Wǒmen huì zhuādào shīzi de."

Tāmen sān rén huí dào le Zhú Jié Shān. Zài nàlǐ, tāmen yù dào le Hēi'àn Liùshén hé Guāngmíng Liùshén. Suǒyǒu de shén dōu xiàng Tài Yǐ Jiù Kǔ Tiānzūn jūgōng. "Zhèlǐ méiyǒu fāshēng shénme shì," tāmen shuō. "Jiǔ Líng Yuán Shèng fēicháng shēngqì, suǒyǐ tā jiù qù shuì le. Tā méiyǒu shānghài Tángsēng hé qítā rènhé rén."

Tài Yǐ Jiù Kǔ Tiānzūn shuō, "Tā shì yì zhī hǎo shīzi, tā bú huì qù shānghài rènhé rén. Dà shèng, qù tā shāndòng ménkǒu, jiào tā, bǎ tā dài chūlái, zhèyàng wǒmen jiù kěyǐ zhuāzhù tā le."

Sūn Wùkōng zǒu dào shāndòng mén qián, hǎn le yīhuǐ'er. Kěshì shīzi móguǐ shuìzháo le, méiyǒu tīngdào Sūn Wùkōng de jiàohǎn. Zuìhòu, Sūn Wùkōng yòng tā de bàng zá suì le shímén. Zhè jiàoxǐng le shīzi móguǐ. Tā pǎo xiàng Sūn Wùkōng, dà hǎn dào, "Wǒ lái le, nǐ děngzhe!" Sūn Wùkōng zhuǎnshēn pǎokāi le. Shīzi móguǐ zhuīzhe tā, dà hǎn dào, "Nǐ hái néng wǎng nǎlǐ pǎo?"

Sūn Wùkōng pǎo le yīhuǐ'er, zhuǎnguò shēn lái, shuō, "Zěnme, nǐ méi kàndào nǐ shīfu zài zhèlǐ ma?"

Jiù zài zhè shí, Tài Yǐ Jiù Kǔ Tiānzūn shuō, "Wǒ zài zhèlǐ,

跟大圣和我去人间。我们会抓到狮子的。"

他们三人回到了竹节山。在那里，他们遇到了黑暗六神和光明六神。所有的神都向太乙救苦天尊鞠躬。"这里没有发生什么事，"他们说。"九灵元圣非常生气，所以他就去睡了。他没有伤害唐僧和其他任何人。"

太乙救苦天尊说，"他是一只好狮子，他不会去伤害任何人。大圣，去他山洞门口，叫他，把他带出来，这样我们就可以抓住他了。"

孙悟空走到山洞门前，喊了一会儿。可是狮子魔鬼睡着了，没有听到孙悟空的叫喊。最后，孙悟空用他的棒砸碎了石门。这叫醒了狮子魔鬼。他跑向孙悟空，大喊道，"我来了，你等着！"孙悟空转身跑开了。狮子魔鬼追着他，大喊道，"你还能往哪里跑？"

孙悟空跑了一会儿，转过身来，说，"怎么，你没看到你师父在这里吗？"

就在这时，太乙救苦天尊说，"我在这里，我

de xiǎo shèngrén." Shīzi móguǐ kàn le kàn, kàndào le tā de shīfu. Tā tíng le xiàlái, tǎngxià, sì zhī jiǎo fàng zài dìshàng, kòutóu.

Kānhù shīzi de rén pǎo dào tā shēnbiān, dǎ le tā yì quán, shuō, "Nǐ Wèishénme táopǎo? Nǐ gěi wǒ zhǎo le hěnduō máfan!" Tā bùtíng de dǎ shīzi, dǎ dào tā shǒu dōu lèi le cái tíngzhǐ. Ránhòu tā bǎ yì gēn shéngzi tào zài shīzi de bózi shàng, dài tā shàng le yì duǒ cǎisè de yún, fēi huí le Miào Yán Gōng.

Sūn Wùkōng gǎnxiè Tài Yǐ Jiù Kǔ Tiānzūn, qítā de shén hé tǔdì shén. Ránhòu tā jìn le shāndòng, fàng le lǎo wángzǐ, Tángsēng, Zhū, Shā hé sān wèi xiǎo wángzǐ. Tāmen dōu zǒuchū le shāndòng. Zhū zhǎo le yìxiē gān mùtou, diǎn le huǒ, shāohuǐ le shāndòng lǐ de suǒyǒu dōngxi. Sūn Wùkōng ràng Zhū hé Shā bǎ sì wèi wángzǐ dài huí chénglǐ. Ránhòu tā hé Tángsēng zǒu huí le chénglǐ. Dāng tāmen lái dào chéngshì shí, tiān yǐjīng hēi le. Sùshí dàyàn yǐjīng gěi měi gè rén dōu zhǔnbèi hǎo le. Zhīhòu, tāmen dōu shàngchuáng shuìjiào le.

Dì èr tiān chīwán zǎofàn hòu, Sūn Wùkōng yāoqiú shāsǐ liù míng shīzi qiúfàn, qiē le tāmen de ròu. Yì zhī shīzi de ròu bèi sònggěi le gōnglǐ de gōngrén. Lìng yì zhī shīzi de ròu bèi sònggěi le gōnglǐ de

的小圣人。"狮子魔鬼看了看，看到了他的师父。他停了下来，躺下，四只脚放在地上，叩头。

看护狮子的人跑到他身边，打了他一拳，说，"你为什么逃跑？你给我找了很多麻烦！"他不停地打狮子，打到他手都累了才停止。然后他把一根绳子套在狮子的脖子上，带他上了一朵彩色的云，飞回了<u>妙岩宫</u>。

<u>孙悟空</u>感谢<u>太乙救苦天尊</u>、其他的神和土地神。然后他进了山洞，放了老王子、<u>唐僧</u>、<u>猪</u>、<u>沙</u>和三位小王子。他们都走出了山洞。<u>猪</u>找了一些干木头，点了火，烧毁了山洞里的所有东西。<u>孙悟空</u>让<u>猪</u>和<u>沙</u>把四位王子带回城里。然后他和<u>唐僧</u>走回了城里。当他们来到城市时，天已经黑了。素食大宴已经给每个人都准备好了。之后，他们都上床睡觉了。

第二天吃完早饭后，<u>孙悟空</u>要求杀死六名狮子囚犯，切了他们的肉。一只狮子的肉被送给了宫里的工人。另一只狮子的肉被送给了宫里的

guānyuán. Qítā sìzhī shīzi de ròu bèi qiēchéng fēicháng xiǎo de suì kuài, sònggěi suǒyǒu chénglǐ de shìbīng hé chénglǐ de rénmen. Zhèshì wèile ràng měi gè rén dōu shì shì shīzi ròu, chúqù tāmen de hàipà.

Tiějiàngmen wánchéng le tāmen de gōngzuò. Tāmen zuò le yì gēn zhòng yìqiān jīn de jīn gū bàng, yì gēn zhòng bābǎi jīn de jiǔ chǐ bàzi, yì gēn zhòng bābǎi jīn de guǎizhàng. Sān wèi xiǎo wángzǐ zǒu le chūlái.

Tāmen de fùqīn duì tāmen shuō, "Zhèxiē wǔqì jīhū ràng wǒmen suǒyǒu rén dōu diū le shēngmìng. Wǒmen xiànzài hái huózhe, zhè yào gǎnxiè wǒmen wěidà de lǎoshī de qiángdà. Xiànzài méile xié'è de móguǐ. Wǒmen jiāng bú zài yǒu tāmen dài lái de máfan le."

Yóurénmen zài chénglǐ duō zhù le jǐ tiān. Sān wèi túdì jiāo sān wèi xiǎo wángzǐ zěnme yòng tāmen de xīn wǔqì. Xiǎo wángzǐmen yǒu hěndà de lìliàng, zhè yào gǎnxiè Sūn Wùkōng chuī gěi tāmen de qì zhōng de yìxiē mólì. Tāmen xué dé hěnkuài, hěnkuài jiù néng hěnhǎo de yòng nàxiē zhòng wǔqì le.

Wǒmen yǒu yì shǒu shī shì xiě zhège de:

    Tāmen yùnqì hǎo, zhǎodào le sān wèi lǎoshī

官员。其他四只狮子的肉被切成非常小的碎块，送给所有城里的士兵和城里的人们。这是为了让每个人都试试狮子肉，除去他们的害怕。

铁匠们完成了他们的工作。他们做了一根重一千斤的金箍棒，一根重八百斤的九齿耙子，一根重八百斤的拐杖。三位小王子走了出来。

他们的父亲对他们说，"这些武器几乎让我们所有人都丢了生命。我们现在还活着，这要感谢我们伟大的老师的强大。现在没了邪恶的魔鬼。我们将不再有他们带来的麻烦了。"

游人们在城里多住了几天。三位徒弟教三位小王子怎么用他们的新武器。小王子们有很大的力量，这要感谢<u>孙悟空</u>吹给他们的气中的一些魔力。他们学得很快，很快就能很好地用那些重武器了。

我们有一首诗是写这个的：

他们运气好，找到了三位老师

Tāmen bù zhīdào tāmen de xuéxí huì dàilái shīzi jīng

Xié'è bèi miè, guójiā hépíng

Yóurénmen héqǐlái xiàng yígèrén yíyàng hé qiángdào duìzhàn

Jiǔ tóu shīzi de lìliàng xiāoshī le

Dào huílái le

Fǎ jiāng yǒngyuǎn zài

Yùhuá Wángguó jiāng bǎochí hépíng

Lǎo wángzǐ yí cì yòu yí cì de gǎnxiè yóurén. Tā xiǎng gěi tāmen jīn hé yín. Dàn Zhū shuō, "Wǒmen bùnéng ná jīn huò yín. Dàn nàxiē shīzi zhēnde sīhuài le wǒmen de yīfú. Rúguǒ nǐ néng gěi wǒmen huàn jiàn yīfú, wǒmen jiāng fēicháng gǎnjī." Wángzǐ xià le mìnglìng, xīn yīfú hěnkuài jiù zuòhǎo le. Yóurénmen chuānshàng xīn yīfú, dǎhǎo xínglǐ, zàicì zǒu shàng xī qù de lù.

Dāng tāmen zǒu zài chéngshì de jiēdào shàng shí, chénglǐ de měigè rén dōu zǒuchū jiāmén shuō zàijiàn. Yīnyuè xiǎngqǐ, qízi zài tóushàng piāo, cǎi dēng guàqǐ, xiānghuǒ ránshāo.

Yóurén lái dào chéngshì de xīmén. Tāmen méiyǒu dānxīn, shénme dōu

他们不知道他们的学习会带来狮子精

邪恶被灭，国家和平

游人们合起来像一个人一样和强盗对战

九头狮子的力量消失了

道回来了

法将永远在

<u>玉华</u>王国将保持和平

老王子一次又一次地感谢游人。他想给他们金和银。但<u>猪</u>说，"我们不能拿金或银。但那些狮子真的撕[30]坏了我们的衣服。如果你能给我们换件衣服，我们将非常感激。"王子下了命令，新衣服很快就做好了。游人们穿上新衣服，打好行李，再次走上西去的路。

当他们走在城市的街道上时，城里的每个人都走出家门说再见。音乐响起，旗子在头上飘，彩灯挂起，香火燃烧。

游人来到城市的西门。他们没有担心，什么都

---

[30] 撕　　sī – to tear

bùxiǎng, xiàng fódì zǒu qù.

Wǒmen bù zhīdào tāmen jiēzhe huì fāshēng shénme. Nǐ jiāng huì zài xiàyígè gùshì zhōng zhīdào.

不想，向佛地走去。

我们不知道他们接着会发生什么。你将会在下一个故事中知道。

The Nine Headed Lion
Chapter 87

My dear child, listen to these words!

> The great Dao is hidden and deep
> It becomes large, it becomes small
> Its story frightens gods and ghosts
> It surrounds heaven and earth
> It divides darkness and light
> It brings happiness to the world
> In front of Vulture Mountain
> Pearls and jewels appear
> They glow with five colors
> They illuminate heaven and earth
> Those who know it will live as long as mountains and seas

You remember that in our last story, Tangseng and a woodcutter were captured by a demon called the Great King of the Southern Mountains. They were rescued by Tangseng's three disciples: the Monkey King Sun Wukong, the pig-man Zhu Bajie, and the large quiet man Sha Wujing.

After they were rescued, the four travelers continued walking westward. After a few days they came to a large walled city.

"Wukong," said Tangseng, "have we arrived in India?"

"No," he replied. "The Buddha lives in Thunderclap Monastery in India. It's located on a great mountain called Vulture Mountain, but there is no city there. But I do think we are close to the Indian border."

They entered the city. Tangseng got down from his horse.

They walked through the streets. They saw that the people all looked hungry and poor. They wore black clothing. Soon they came to a group of officials standing in the road. The officials did not move when the travelers approached, so Zhu shouted, "Get out of the way!"

This frightened the officials. One of them bowed and said, "Who are you and where are you from?"

Tangseng, wishing to avoid trouble, replied, "I am a monk sent by the Tang Emperor to worship the Buddha at Thunderclap Mountain, and bring back holy books to the Tang Empire. Our journey has brought us to this treasure place. We hope we have not insulted you by entering your city."

The official said, "This is Fengxian, on the eastern border of India. We have had no rain here for several years. The prefect has sent us to put up this sign." He held up a large sign. The travelers looked at it. It said,

> Shangguan, the Prefect of Fengxian, is seeking an enlightened Dharma master to help us. We have had no rain for many years. The rivers are dry, there is no water in the wells. The rich have very little to eat, and the poor are dying. A picul of rice costs a hundred pieces of silver. Girls are sold for three pints of rice, boys are given away to anyone who will take them. The rich are selling their things to buy food, but the poor are becoming bandits and thieves. I am looking for a wise man to pray for rain and help the people of this city. You will receive a thousand pieces of silver if you can bring rain. This I promise!

Tangseng said to his disciples, "If any of you know how to bring rain, do it and save these people. If you don't, then we must be on our way."

Sun Wukong asked, "What's so hard about bringing rain? I can turn rivers upside down. I can move stars and mountains. I can kick the sky and push the moon. Bringing rain is easy."

Two of the officials heard this. They ran to tell the prefect, "Your Excellency, we were carrying your sign to the marketplace. We met four monks. They said that they have come from the Tang Empire in the east and are headed towards Thunderclap Mountain to worship the Buddha. They say that they can bring rain!"

The prefect jumped up from his chair. Not waiting for a sedan chair, he hurried to the marketplace. He walked up to Tangseng and his three ugly disciples. Showing no fear, he kowtowed and said, "I am Shangguan, the prefect of this city. I beg you to pray for rain to save these people."

Tangseng bowed and said, "Sir, we cannot talk here in the street. Please take us to a monastery."

The prefect led them back to his home. He ordered that tea and vegetarian food be brought to the guests. When the food arrived they all ate, but Zhu ate like a hungry tiger. The servants brought bowl after bowl of soup, and plate after plate of rice. Finally he was full and he stopped eating.

When the meal was over, Tangseng asked the prefect why there was no rain. The prefect replied, "It has not rained here for three years. The grass does not grow, the five grains have all died. Two thirds of the people are now dead. For the rest, their lives are like a candle flame in the wind. We are fortunate that you have come to visit us. If you can bring an inch of rain, you will receive a thousand silver coins."

Sun Wukong laughed and said, "If you offer us silver, you will not get even a drop of rain. But if you practice compassion and honor the Buddha, Old Monkey will give you plenty of rain."

"Of course," replied the prefect, bowing to him. "I will never turn my back on these things."

Sun Wukong stood up said some magic words. Soon a dark cloud appeared in the east and moved until it was in front of the house. This was Aoguang, the ancient dragon of the Eastern Ocean. Aoguang took on human form and walked up to the monkey. Bowing low, he asked, "Great Sage, why have you sent for this poor dragon?"

"Please rise, my friend," said Sun Wukong. "Thank you for coming here. This place has had no rain for three years. Would you please send some rain?"

Aoguang replied, "I can certainly make rain, but I would never dare to do so without Heaven's command. Also, I must have my heavenly warriors here to help me. Now I will go back to the Eastern Ocean to get my warriors. You must go to the palace of heaven. Ask the Jade Emperor to command the rain, and ask the officials to release the dragons. Then I will bring the rain that the Emperor commands."

Aoguang returned to the ocean. Sun Wukong told Zhu and Sha to guard Tangseng. Then he vanished.

"Where did the monkey go?" asked the frightened prefect.

"He has gone up to heaven on a cloud," replied Zhu, smiling. The prefect then commanded all the people of the city to worship the dragons. He also told them to place willow sprigs in jars of clean water and place them in front of their gates.

Sun Wukong arrived at the Western Gate of Heaven. He was

met by Heavenly King Protector. He said to the king, "My master and I have arrived at the city of Fengxian on the border of India. It has not rained there for three years. I asked Aoguang the Dragon King to bring rain, but he tells me that he cannot do it without a command from the Jade Emperor."

The Heavenly King Protector opened the gate. Sun Wukong went through the gate and flew to the Hall of Brightness where he was met by the four heavenly teachers. He told the same story to the four teachers. One of the teachers said, "But it's not supposed to rain there!"

"Maybe it is, maybe it isn't. But please let me ask the Jade Emperor for myself."

The four teachers brought Sun Wukong to the Hall of Divine Mists. They said to the Jade Emperor, "Your Majesty, Sun Wukong has arrived at the city of Fengxian on the border of India. He wants it to rain there."

The Jade Emperor told Sun Wukong, "Three years ago, on the twenty-fifth day of the twelfth month, we were traveling through the three worlds. We came to the city of Fengxian. We saw the prefect, Shangguan. We saw him knock over the heavenly offerings and feed them to the dogs. Then he said evil words about us. Because of that, we set up three things in the Hall of Fragrance." Turning to the four teachers, he said, "Take Sun Wukong to see these three things." Then to Sun Wukong he said, "When the prefect has done what we asked, we will give the command. Until then, mind your own business."

The four teachers led the monkey to the Hall of Fragrance. He saw three things. On the left was a mountain of rice a hundred feet high. Beside the mountain was a chicken about the size of a fist, occasionally eating a bit of rice. In the middle was a mountain of noodles two hundred feet high. Beside this mountain was a small golden-haired dog, occasionally licking a noodle with its tongue. And on the right was a large golden padlock about fifteen inches high. It hung from an iron rod. Just below the padlock was a small candle. The candle flame just touched the bottom of the padlock.

Sun Wukong did not understand what he was seeing. "What is this?" he asked the teachers.

"The Jade Emperor set this up after he saw what the prefect did. When the chicken has eaten all the rice, when the dog has eaten all the noodles, and when the lamp has melted the lock, then it will rain in Fengxian."

Sun Wukong's face turned pale. He said nothing. He turned to leave the hall. "Don't feel bad, Great Sage," said one of the teachers. "If the prefect has a single thought of kindness and goodness, the rice mountain and noodle mountain will collapse and the lock will be broken. Perhaps you will be able to persuade the prefect to turn to the path of kindness and goodness."

Sun Wukong flew quickly back to the prefect's house. He entered the main office. Many people crowded around him asking him questions. He ignored them. He shouted at the prefect, "Do you know why there is no rain here? It's because three years ago, on the twenty fifth day of the twelfth month, you did something that angered heaven and earth. That's why there is no rain, and that's why your people are suffering. Why did you knock over the heavenly offerings and feed them to the dogs?"

The prefect said, "It is true. On that day I was making

offerings to heaven. My wife and I were arguing. In my anger I knocked over the table of offerings. The food fell on the floor. I called the dogs to eat it. I did not know that heaven would know about this. Please, what can I do now?"

"The Jade Emperor has set up three things in the Hall of Fragrance in heaven. There is a mountain of rice with a small chicken eating a little bit from time to time. There is a mountain of noodles with a small dog taking a bit from time to time. And there is a lock with a candle burning underneath it. It will rain here when the chicken finishes eating the rice, the dog finishes eating all the noodles, and the candle burns through the lock."

Zhu said, "That's no problem, brother. Take me with you. I can eat all the rice and the noodles, and I can break the lock."

"Don't be an idiot," replied Sun Wukong. "This was set up by the Emperor. You won't get near that place."

"Then what can we do?" asked Tangseng.

Sun Wukong said to the prefect, "Your Excellency, I was told that if your heart turns to goodness, the problem will be solved. If you don't, then your life cannot be saved."

The prefect kneeled on the ground and said, "I will do as you say, great teacher." Then he ordered all the Buddhist and Daoist monks to prepare their ceremonies. He led his people in burning incense and worshipping. He asked Tangseng to recite sutras. And he asked every family to burn incense and pray to Buddha.

After a couple of days of this, Sun Wukong felt it was time to return to heaven. He told Zhu and Sha to look after Tangseng. Then he flew straight to the Western Gate of Heaven. He said to the Heavenly King Protector, "The prefect has returned to the right path." Several messengers arrived a moment later, bringing letters written by the Buddhist and Daoist monks. The king allowed the messengers to carry the letters to the Hall of Brightness to give to the Jade Emperor.

Sun Wukong started to follow the messengers, but the Heavenly King Protector stopped him, saying, "Great Sage, you do not need to see the Jade Emperor again. You should go to the Office of the Seasons in the Ninth Heaven. There you can borrow some thunder gods."

The monkey king agreed with this. He went to the Office of the Seasons in the Ninth Heaven. He said to one of the officials there, "I wish to see the Heavenly Honored One."

The Heavenly Honored One came into the room and greeted Sun Wukong. Then the monkey said, "I have a favor to ask you. I am assisting the Tang monk in his journey to the west. We have come to the city of Fengxian. It has not rained there for three years. I have promised to make it rain. But I need help from some of your thunder gods."

The Heavenly Honored One replied, "I have heard that the prefect has angered the Emperor, and that three things have been set up. Nobody has told me that rain is due to fall there."

"Those three things are the mountain of rice, the mountain of noodles, and the golden lock. They are still set up, and rain cannot fall in Fengxian until those things fall. But the four heavenly teachers told me that heaven will help the prefect if he begins to do good in the world. Good things are starting to happen in Fengxian. I believe the Emperor will allow rain to fall soon. That is why I am asking for your thunder gods to help bring the rain."

"All right, Great Sage, you can have four thunder gods and Mother Lightning."

Sun Wukong flew back to Fengxian with the thunder gods and Mother Lightning. When they came near the city, the thunder gods began to use their magic. Truly, there was

> Lightning like snakes of purple gold
> Thunder like a million sleeping insects awakening
> Bright light like flying flames
> Thunder that smashes mountain caves
> Arrows that light up the heavens
> Noise that shakes the earth
> Red gold that wakens seeds under the ground
> It shakes rivers and mountains for three thousand miles

The people of the city all fell to their knees, held burning incense, held willow sprigs in their hands, and said, "We submit to the Buddha!"

While the storm was beginning in Fengxian, the messengers came into the Hall of Mist and submitted the letters to the Jade Emperor. The Emperor looked at the letters, then said to his officials, "Go and see what has happened to the three things." The officials went to the Hall of Fragrance and saw that the rice mountain and noodle mountain had both collapsed and the lock was broken.

Just then, the local god and the city god came in. They bowed to the Emperor and said, "Our prefect and every person in the city is now worshipping the Buddha and Heaven. Please show compassion and send rain to save the people."

The Jade Emperor was pleased. He said, "Let the gods of wind, cloud and rain go to the city of Fengxian. Let the clouds cover the sky, let the thunder roar, and let three feet and forty two drops of rain fall."

The rain began to fall. There were thick clouds, black mist, crashing of thunder and flashing of lightning. The land was dark for a thousand miles. The rain fell, filling the rivers and seas. It pounded on roofs and windows. It flooded the streets. Dry grasses turned green and withered trees began to grow new leaves. The five grains began to grow again in the farms. Farmers went to work in the fields. Truly, when the wind and rain come, the people are happy. When the rivers and seas are quiet, the world is at peace.

Exactly three feet and forty two drops of rain fell. The weather gods were getting ready to leave, but Sun Wukong stopped them. He said, "Gods, please stay for a minute. Please show yourselves to the prefect so that he will see you and make offerings to heaven."

And so,

>The dragon king appeared
>The thunder gods were revealed
>The cloud boys were seen
>The lords of the wind came down
>The dragon king appeared
>With a silver beard and an ashen face
>The thunder gods were revealed
>With powerful bodies and crooked mouths
>The cloud boys were seen
>With gold crowns over jade faces
>The lords of the wind came down
>With large eyes and bushy eyebrows
>The people looked up
>They burned incense and kowtowed

> The people looked up and saw the gods and heavenly generals
> Cleansing their hearts as they all turned to goodness

The gods and heavenly generals stayed for two hours while the people kowtowed and prayed. Finally Sun Wukong said, "Thank you for your help. You may now return. But please send wind every five days and rain every ten days." The gods agreed, and they returned to heaven.

The travelers wanted to leave that day. But the prefect asked them to stay while a temple was built in their honor. So they stayed. The temple was built very quickly. After half a month it was finished. Tangseng named it the Temple of Salvation by Rain. From that day forward, monks came from far and near to pray and burn incense at the temple. The prefect also built temples for the thunder gods and dragon gods to thank them.

Finally, the travelers could stay no longer. The prefect and his officials had tears in their eyes as they watched them leave.

Chapter 88

As Tangseng and his disciples continued their journey to the west, summer gave way to autumn. Leaves turned red. The nights were cool, the stars were bright in the sky, and the moon shone white in the windows.

One day they saw the walls of a great city. "Wukong," said Tangseng, "there is another city. I wonder what it is?"

"We have never seen this city before," he responded, "so how could I know? Let's find out."

Just then, an old man came out from behind some trees. He

was holding a wooden staff and wore straw sandals. Tangseng got down from his horse and greeted the man. The man returned the greeting and asked, "Where are you from, sir?"

"I am a poor monk set by the Tang Emperor to worship the Buddha and fetch holy scriptures. Can you tell us what city we see in the distance?"

"Master, you are in India. This is the Jade Flower Kingdom. The lord of our city is a prince, a relative of the King of India. He is a good man. He respects both Buddhist and Daoist priests, and cares about the people. If you see him, he will treat you with respect." And then the man walked back into the forest.

The travelers walked a little bit further and entered the city through the main gate. There were many people in the streets. There were stores, wine shops and tea houses. It looked like a prosperous city.

Tangseng thought to himself, "I have never been to India, but this is really no different from the land of Tang." He saw people buying and selling, and he heard that one could buy a picul of rice for just four tenths of an ounce of silver, and a catty of oil for just a penny. Truly this was a prosperous city!

They walked through the city until they arrived at the prince's palace. "Wait here," said Tangseng to the disciples. "I will ask the prince to sign our travel rescript. If he offers me a meal, I will send for you to share it. While you wait, you can go to that hostel over there and get some grain for the horse."

Soon Tangseng was invited inside the palace to see the prince. He handed his travel rescript to the prince. The prince looked at it. He saw many signatures from many countries. He signed it and returned it to Tangseng. "Great teacher," he said, "you have passed through many countries. How long have you been traveling?"

"I have already seen fourteen winters and summers on my journey," replied Tangseng. "I have met thousands of monsters, and I cannot tell you how much suffering."

The prince ordered a meal to be prepared for his visitor. Tangseng asked that his three disciples be invited to share in the meal. But when the prince's ministers went outside, they could not see anyone. So they walked across the street to the hostel. "Who are the disciples of the Tang monk?" they asked. "His Royal Highness has invited them to a meal."

Zhu heard the word "meal" and jumped up, saying, "We are! We are!"

This terrified the hostel's workers. They shouted, "A pig demon! A pig demon!"

Monkey grabbed Zhu and told him to be quiet. The hostel's workers saw him and shouted, "A monkey spirit! A monkey spirit!"

Sha raised his hands and tried to tell them not to be frightened. But the hostel's workers saw him and shouted, "A kitchen god! A kitchen god!"

Finally the three disciples just walked out of the hostel. They followed the ministers back to the palace. The prince was also frightened when he saw them, but Tangseng said, "Don't be frightened, Your Royal Highness. They are ugly and they do not know how to act in polite company, but they have good hearts."

The palace servants brought out the food and everyone ate. Later, the prince returned to his own rooms. His three sons saw that his face was pale. "What has frightened you, Father?" they asked.

"A monk has arrived from the Great Tang in the East. I invited him to eat with us. He said he had three disciples, so I invited them to eat with us also. They are all very ugly, they look like demons. That's why I look so pale."

Now, these three young men were all skilled fighters. They jumped up and said to their father, "These must be evil spirits from the mountains. We will fetch our weapons and see what they are." The eldest picked up a rod, the second picked up a nine-toothed rake, and the youngest picked up a staff. They ran through the palace shouting, "Where are the monsters?"

"They are having a vegetarian meal in the pavilion," replied the kitchen master.

The three young men ran into the pavilion and shouted, "Are you men or monsters? Tell us now and we will let you live."

Tangseng saw them and was so frightened that he dropped his bowl. He said, "I am a poor monk, not a monster."

The princes said, "Yes, you look like a man. But the three ugly ones are definitely monsters."

Sun Wukong said, "We are all human. Our faces may be ugly but our hearts are good. Now, where are you from and why are you speaking such foolish words?"

The kitchen master said quietly, "These are the sons of His Royal Highness."

"Well, Your Highnesses," said Zhu, "why are you carrying those weapons? Do you want a fight?" The second prince tried to hit Zhu with his rake, but Zhu just laughed. He pulled out his own rake from his belt and swung it around over his head. Ten thousand beams of golden light came from the rake. The prince was so frightened that he dropped his own rake.

The oldest of the young princes was holding a rod. Sun Wukong took his own rod out of his ear and whispered, "Change!" It grew to be as thick as a rice bowl and twelve feet long. He slammed it into the ground, pushing it three feet into the dirt. "Here," he said, "take my rod. Go ahead." The young prince grabbed the monkey's rod but he could not move it at all.

The youngest prince attacked Sha with his staff. Sha easily dodged the blow, then whipped out his own staff. Bright colored lights came from the staff. Everyone stopped what they were doing to look at the lights. Then the three young princes dropped their weapons, kowtowed, and said, "Great teachers, we are sorry that we did not recognize you. Please show us how you use these weapons."

The three disciples put on a show for the young princes. Sun Wukong jumped up on to a golden cloud and swung his golden hoop rod rapidly until it was moving too quickly to be seen. Zhu swung his rake up and down, left and right, forward and backward, filling the air with a howling wind. And Sha showed them 'Red Phoenix Facing the Sun' and 'Hungry Tiger Seizing Its Prey,' his staff glowing with a golden light. Then they came back down to the ground, bowed to Tangseng, and sat down again.

The young princes ran back to the palace. They said to their father, "Did you see the three dancers in the sky? Those were not gods or immortals. They were the three ugly disciples of the Tang monk. Their skills are wonderful. We want them to be our teachers, so we can learn their skills and protect our country. What do you think?" The old prince agreed that this would be a good idea.

The old prince and his three sons hurried to the pavilion. The four travelers were getting ready to leave. The old prince said to Tangseng, "Tang master, I want to ask you a favor. When I first saw you and your disciples, I thought you were just men. But now I see that you are immortals and Buddhas. My wretched sons wish to become your disciples and learn some of your fighting skills. I beg you to agree. If you do, I will give you all the riches of this city."

Sun Wukong laughed and said, "Your Royal Highness, you don't understand. We are happy to take your sons as disciples. But we do not want any of your riches." The old prince was very happy. He ordered a great banquet in the main hall of the palace. There was singing, dancing, music, and wonderful vegetarian food.

The next day, the three young princes came to see Sun Wukong, Zhu and Sha. The princes asked, "May we have a look at your weapons?" Zhu threw his rake on the ground. Sha leaned his staff against a nearby wall. Two of the young princes tried to pick up the weapons, but they could not move them at all. It was like a butterfly trying to move a stone pillar.

Zhu smiled and said, "My rake is not heavy. It's 5,048 pounds including the handle."

Sha added, "My staff is also 5,048 pounds."

"And what about your weapon, Great Sage?" they asked Sun

Wukong.

He answered,

> "This rod was made at the beginning of time
> It was made by Great Yu himself
> He used it to find the depth of rivers and seas
> Later it floated to the gate of the Eastern Ocean
> It rested there and glowed with a colored light
> I found the rod and made it my own
> I can make it grow to fill the universe
> I can make it as small as a tiny pin
> It is the only one in Heaven and Earth
> It weights 13,500 pounds
> It can bring life or death
> It can defeat dragons and tigers
> It can kill monsters and demons
> It helped me when I made trouble in heaven
> Heaven and earth, gods and demons all fear it
> It comes from the birth of time
> This is no ordinary iron rod!"

The young princes all begged to learn how to use the three weapons. But Sun Wukong said, "We can teach you, but you are not strong enough to use these weapons. The ancients say, 'A badly drawn tiger just looks like a dog.' You need to be strong to use these weapons."

This made the three young princes very happy. They washed their hands, brought in an incense table, lit the incense sticks, and bowed to heaven. Then they asked the teachers to teach them.

Sun Wukong, Zhu and Sha all bowed to Tangseng and asked his permission to teach the young princes. Tangseng agreed.

Then Sun Wukong led the three young princes into a quiet room behind the pavilion. He told the to lie down and close their eyes. Then he said some magic words and blew a magic breath into their hearts. This gave them new muscles and bones. When he was finished, the young princes could pick up any of the three heavy weapons with no trouble at all.

The next day, the three disciples began to teach the young princes. The young princes were now able to pick up the weapons, but they had difficulty using them. Also, the weapons were magic. They changed form as the princes were trying to use them. At the end of the day, the princes said, "Thank you for showing us how to use these weapons. But it is very difficult for us to use them. We would like to make three new weapons. They would look like your weapons but would be made of ordinary steel. Would that be all right with you?"

"Sure," said Zhu. "We need to use our weapons anyway, to protect the Dharma and defeat monsters." So the princes called for ironsmiths. The ironsmiths brought ten thousand pounds of iron. Working in the courtyard, they melted the iron and began to make steel. When the steel was ready they asked the three disciples to bring out their weapons so they could be copied. The three disciples left their weapons in the courtyard for the ironsmiths to look at.

But trouble was nearby. An evil spirit lived on Leopard Head Mountain in Tiger Mouth Cave about twenty five miles away. He saw the light from the ironsmiths' fires and came to see what was happening in the courtyard. He saw the three magic weapons lying in the courtyard. "Wonderful weapons!" he exclaimed. "This is my lucky day. I will take them." He created a powerful wind, picked up the weapons, and carried them back to his cave.

Truly,

> You cannot leave the Dao
> The Dao that can be left is not the true Dao
> When the heavenly weapons are stolen
> The work of the disciples is in vain

Chapter 89

The next morning the ironsmiths came to the courtyard to begin their work. But the magic weapons were gone. The ironsmiths looked everywhere but could not find them. They went to the princes, kowtowed, and said, "Young masters, we don't know what happened to the weapons."

The princes ran to tell the three disciples. They all returned to the courtyard and saw that the weapons were gone. Zhu was angry. He said to the ironsmiths, "You stole our weapons! Give them back right now or I will kill you all."

But the ironsmiths cried and kowtowed, saying, "Your Lordship, we all went to sleep last night, we were so tired. This morning we came to work and saw that the weapons were gone. We are not gods, we are just men. We could not move these heavy weapons."

Sun Wukong said, "This is our fault. We should not have left the weapons here last night. I think a monster came and stole them."

The disciples stood in the courtyard and argued for a while. Then the old prince arrived. He said to them, "Nobody here stole your weapons. Your weapons are magic. Even a hundred people could not move them. Besides, the people in this city are good, they would not steal anything from you."

Sun Wukong said, "Your Royal Highness, tell me, are there any evil monsters living nearby?"

"Well, yes. North of the city is Leopard Head Mountain. In that mountain is Tiger Mouth Cave. I have heard that a monster lives in that cave."

Sun Wukong was pleased to hear this! He told Zhu and Sha to stay and take care of Tangseng and the city. Then he jumped into the air and used his cloud somersault to fly quickly to Leopard Head Mountain. He looked around. He heard voices and saw two wolf-headed monsters walking and talking to each other. He turned into a butterfly and followed them.

He heard one of them say, "Our master is so lucky! Last month he met a beautiful woman and she is now living with him in the cave. And last night he found three magic weapons. Tomorrow there will be a Rake Festival, that will be fun!"

The other monster replied, "You and I are also lucky. Our master gave us twenty taels of silver to buy pigs and sheep for the festival. Let's get a bottle of wine. When we buy the pigs and sheep we can keep two or three taels for ourselves. We can use that money to buy warm jackets for the winter."

Sun Wukong heard their words. He fluttered ahead of them on the path. Then he turned back into his original form. When the monsters came close, he said a few magic words. The monsters stopped moving. They could not move, they could not speak. Sun Wukong walked over to them. He took the twenty taels of silver from one of them. He saw that they both were carrying passes. Their names were "Shifty Freaky" and "Freaky Shifty." He took the passes.

Sun Wukong returned to the palace. He told everyone what he

had seen. "Zhu, you turn yourself into Shifty Freaky. I will turn into Freaky Shifty. Sha, you will be a trader selling pigs and sheep. We will go to Tiger Mouth Cave, grab our weapons, and kill the monsters. Then we can continue our journey."

"But how can I turn into Shifty Freaky?" asked Zhu. "I've never met him." So Sun Wukong blew a magic breath on the pig, and now the pig looked just like Shifty Freaky. He changed himself to look like Freaky Shifty. Sha dressed himself so he looked like a trader. Then the three of them walked towards the cave, driving pigs and sheep ahead of them.

As they walked along the path, they met another demon. His name was Greenface. He had red hair like fire, a red nose, sharp teeth, big ears, and a green face. He wore a yellow tunic and straw sandals. He was carrying a small box. When he saw the three disciples he called out, "Freaky Shifty, good to see you! Did you get some pigs and sheep?"

"Of course," replied Sun Wukong. "Can't you see them?"

"Who's that?" said the demon, pointing to Sha.

"He's a trader. We owe him some silver, so we are going home to get it for him. What's in the box?"

"These are invitations to the Rake Festival. It's tomorrow morning. Our chief will be there, and about forty other guests. Look for yourself." The demon picked up one of the invitations and showed it to Sun Wukong. It read,

> Oh great one, Ninefold Spiritual Sage, I hope you can join us tomorrow for the Rake Festival. I hope you will not refuse. With gratitude, your grandson Yellow Lion kowtows a hundred times.

Sun Wukong gave the invitation back to Greenface. The demon walked away down the mountain path. When he was gone, Sun Wukong told the others what the invitation said. Then they continued walking until they reached the cave. Just outside the cave a crowd of little demons played under the trees. When the little demons saw the pigs and sheep they caught them and tied them up. The demon king heard the noise and came outside.

"So, you're back," he said. "How many pigs and sheep did you buy?"

Sun Wukong replied, "Eight pigs and seven sheep. The pigs cost us sixteen taels of silver, the sheep nine taels. You gave us twenty taels, so we owe this trader five taels."

The demon king told one of the little demons, "Go and get five taels for this trader."

"My lord," said Sun Wukong, "I told the dealer that he could stay for the banquet. He's hungry and thirsty."

"Damn you, Freaky Shifty, I sent you to buy some pigs and sheep, not to invite people to our banquet." Handing the five taels to the trader, he said, "Here's your silver. Come with me to the back of the cave and get something to eat and drink. But don't touch anything, and don't tell anyone what you see here."

They walked into the back of the cave. There on a table was Zhu's nine-toothed rake, glowing with many colors. Next to it was Monkey's golden hoop rod, and at the end of the table was Sha's staff. As soon as Zhu saw the rake, he could not stop himself. He grabbed it and changed back to his own form. He ran towards the demon king, swinging the rake in the air. Sun Wukong and Sha also grabbed their weapons and changed back to their own forms.

The demon king ran and grabbed his own weapon, a four-light shovel with a long handle and a sharp end. "Who are you to steal my treasures?" he shouted.

Sun Wukong shouted at him, "I'll get you, you hairy beast! You don't know me. I'm a disciple of the Tang monk. When we came here, the prince told his three sons to ask us for fighting lessons. They were making their own weapons to look like ours. We left our weapons in the courtyard overnight. You stole them! And now you say that we are stealing your treasures. Stay there and taste my rod!"

What a fight!

> The rod was like the wind
> The rake came down like rain
> The staff filled the sky with fog
> The demon's four-light shovel gave off white clouds
> The three disciples showed their power
> The evil spirit should not have stolen their treasures

They fought until the sun was low in the west. After a while, the demon became tired and could not fight any more. He ran out of the cave and flew like the wind to the southeast.

Zhu started to fly after him, but Sun Wukong said, "Let him go. Let's leave him nothing to come back to." They killed all the little demons in the cave. When the little demons died they turned into tigers, wolves, tigers, leopards, deer and goats. Sha found some dry wood and lit it. Zhu flapped his ears to help the fire grow. It burned everything in the cave. Then they carried some of the dead animals back to the city.

They met the old prince and told him everything. The prince

was happy to hear that they'd won the fight, but he was afraid that the demon king would return to the city later and cause trouble.

"Don't worry, Your Highness," said Sun Wukong. "This morning we learned that there will be a banquet tomorrow. One of the guests will be a demon named Ninefold Spiritual Sage. I think this is the demon king's grandfather. The demon king's name is Yellow Lion. I think the demon king has gone to see his grandfather. And I think they will return tomorrow to get their revenge." The old prince thanked him. They all had dinner and went to bed.

Now, Yellow Lion did indeed go to see his grandfather. He flew all night and arrived at his grandfather's cave around the time of the last watch when the sun was rising in the east. He went inside. When he saw his grandfather he prostrated himself on the ground and cried.

"Worthy grandson, why are you crying?" asked Ninefold Spiritual Sage. "I was just getting ready to come to your banquet."

"There will be no banquet today," cried the demon king. "I wanted to have a banquet to show you the three fine weapons I found. I sent two of my servants to buy some sheep and pigs for the banquet. They returned with the animals, and they brought a third man with them, a trader. The trader was hungry so I gave him something to eat. When he saw the weapons, all three of them changed into terrible demons and began to fight me. One had a hairy face and looked like a thunder god. One had a long snout and big ears. And the third was a big man with a scary face. They said that they are disciples of the Tang monk who is traveling to the west. They are all very good fighters. I could not win. So I came here to see you. If you love your grandson, please help me get revenge on these three."

The grandfather was silent for a minute, then he said, "Grandson, you were wrong to mess with these three. The one with the big ears is Zhu Bajie. The big man is Sha Wujing. They're not too bad. But the one with the hairy face is Sun Wukong. Five hundred years ago he caused trouble in heaven, and a hundred thousand soldiers could not stop him. Why did you anger him? Well, never mind. I'll help you."

Yellow Lion kowtowed his thanks. Ninefold Spiritual Sage called six more of his grandsons, all of them lion demons. The eight of them traveled with the wind, arriving quickly at Leopard Head Mountain. But when they got to the cave, all they saw was smoke and fire. In front of the cave, Shifty Freaky and Freaky Shifty were sitting on the ground, crying.

"Are you really Shifty Freaky and Freaky Shifty?" shouted Yellow Lion.

"It's really us," they replied, still crying. "Yesterday we met a monk with a face like a thunder god. He said some magic words and after that we could not move. He stole our silver and our passes. This morning we could finally move. We came here and saw that everything in the cave was burned."

Yellow Lion stamped his foot on the ground and shouted, "Evil beasts! How could you do this? You burned my cave and killed everyone, even my girlfriend. I'm so angry I could die!" Then he threw himself against the side of the mountain, banging his head against the rocky wall. He only stopped when two of his brothers grabbed him. Then they all left the cave and flew towards the city.

The people in the city looked up and saw a cloud of angry demons flying towards them. They all ran inside and locked their doors. The old prince saw the flying demons and asked, "What should we do?"

"Don't worry about that," replied Sun Wukong. "It's just that evil spirit from Tiger Mouth Cave, and that guy who calls himself Ninefold Spiritual Sage, and maybe a few other demons. No problem. Tell everyone to stay in their homes. We will take care of it." Then he flew into the sky, with Zhu and Sha, to battle the demons.

Chapter 90

The three disciples saw the cloud of demons coming towards them. In front was the demon king called Yellow Lion. His six brothers were behind him. In the middle was the nine headed lion called Ninefold Spiritual Sage. The demon Greenface held a canopy of flowers above the nine-headed lion. On each side, Shifty Freaky and Freaky Shifty carried red flags.

When they got closer, Zhu shouted at the lions, "Monsters! Thieves! Treasure stealers!"

Yellow Lion shouted back, "Why did you burn my cave and kill my family? My hatred is as great as the ocean. Stay there and taste my four-light shovel!"

Now the battle began. Yellow Lion and two of his brothers fought Zhu. The other four lions attacked Sha and Sun Wukong. What a fight!

> Seven lions with seven powerful weapons
> Shouting as they surround the three monks
> The Great Sage's rod is powerful

> Sha's staff has no equal in the world
> Zhu's rake emits a bright colorful light
> They battle against the seven lions
> In the city the prince's soldiers beat drums and gongs
> They fight in the sky until heaven and earth turn dark

The battle lasted for half a day. As night came, Zhu grew tired. He tried to fly away but he was caught by two of the lion demons. They carried him to Ninefold Spiritual Sage and said, "Grandfather, we caught one of them!"

Meanwhile, Sun Wukong and Sha battled the other five lion demons. They caught two lion demons but the others escaped.

Ninefold Spiritual Sage saw this. He said, "Tie up the pig but don't kill him. When they give us our lions back, we will give them the pig. If not, then we will kill him."

Sun Wukong and Sha brought their two lion prisoners back to the city. Soldiers tied them up. Tangseng asked if Zhu was still alive. "Yes," replied Sun Wukong, "but don't worry. We will trade the two lions for Zhu tomorrow. They won't hurt him."

At dawn the next day, Ninefold Spiritual Sage told Yellow Lion his plan. "You must capture the monkey and the other monk. I will try to capture their master, the old prince, and his three sons. We will all meet in my cave afterwards."

So Yellow Lion and his four brothers went back to fight Sun Wukong and Sha. The battle filled the sky. It knocked down trees, frightened tigers and wolves, and worried gods and demons. While they fought in the sky, Ninefold Spiritual Sage flew to the city. He shook his nine lion heads, frightening the soldiers on guard. Then he used five of his mouths to grab Tangseng, the old prince, and the three young princes. He carried them to the place where Zhu was being held prisoner. He opened another one of his mouths and grabbed Zhu.

Now six of his mouths were holding prisoners. With his other three mouths, he shouted to his grandsons, "I have my prisoners, I am leaving now!" The other lions fought even harder against Sun Wukong and Sha. But Sun Wukong pulled all the hairs from his arm, chewed them, and spat them out. The hairs turned into a thousand little monkeys. All the little monkeys attacked the lions. This was too much for the lions. The little monkeys killed Yellow Lion and captured the other four lions. Freaky Shifty, Shifty Freaky and Greenface escaped.

Sun Wukong carried the lions back to the city. The soldiers opened up the city gates. They tied up the four lions and put them with the other two lion prisoners. Sun Wukong said to the soldiers, "Skin the Yellow Lion. Make sure the other six lions can't escape. And bring us some dinner."

The next morning, Sun Wukong and Sha flew to Bamboo Mountain where Ninefold Spiritual Sage lived. They stopped and looked around. Suddenly they saw Greenface. "Where are you going?" shouted Sun Wukong. Greenface turned to run away, but he fell down a ravine. The two monks went down into the ravine to look for him. They could not find him, but they found a cave entrance with a pair of stone gates. Above the gates was a sign saying, "Bamboo Mountain. Nine Bend Cave."

Inside the cave, Greenface reported to Ninefold Spiritual Sage, "My lord, there are two ugly monks outside. But I haven't seen any of your grandsons."

Ninefold Spiritual Sage bowed his head and cried, saying, "This is terrible. My grandsons are probably dead. How will I get my revenge?"

Zhu was tied up nearby. He heard this. He laughed and said, "Don't be sad, old man. My elder brother has won. He has captured all the demons. Now he will rescue us."

Without saying another word, Ninefold Spiritual Sage threw open the stone gates and stepped outside the cave. He opened his mouths and quickly grabbed Sun Wukong and Sha. He brought them into the cave. He said to Sun Wukong, "All right. You have captured my seven grandsons. But I have all four monks and four princes. We can trade. But first, you need to be beaten. Little ones, get started!"

Three of the little demons started beating Sun Wukong with willow rods. But this did not bother him at all. The demons kept beating him all day and into the evening. Finally the old demon said to them, "That's enough for now. Go get something to eat and drink. I'm going to bed."

The three little demons continued to beat Sun Wukong through the night, but after a while they got tired and fell asleep. As soon as they fell asleep, Sun Wukong used his magic to become small. He escaped from the ropes that were holding him. He took his golden hoop rod out of his ear, grew it to twenty feet long, and smashed it down on the heads of the three little demons, killing them instantly.

Ninefold Spiritual Sage heard the noise. He ran into the main hall carrying a lamp. Sun Wukong had to leave quickly. He freed Sha, then he flew out of the cave. Ninefold Spiritual Sage captured Sha and tied him up again.

Sun Wukong flew quickly back to the city. As he was traveling, he was met in mid-air by the Golden Headed Guardian, the Six

Gods of Darkness and the Six Gods of Light. They were guarding a local spirit. They said, "Great Sage, we have captured this demon and brought him here for you."

Sun Wukong said, "Why are you here? You should be back at the city, protecting my master."

"Great Sage," they replied, "after you left Nine Bend Cave, the nine-headed lion captured your younger brother Sha again. This lion is very powerful. So we captured this local spirit, he is in charge of Bamboo Mountain where the lion's cave is located. We hope that he knows something about this lion. You may question him if you like."

Sun Wukong looked down at the local spirit. The local spirit trembled and said, "The demon came to Bamboo Mountain the year before last. Nine Bend Cave used to be the home of six lions. When the nine-headed demon came, the lions took him to be their grandfather. If you want to defeat him, you must go to Wonderful Cliff Palace in the east. Find the lion's master and tell him what has happened. Nobody else can help you."

"I know that place," said Sun Wukong. "It is the home of the Celestial Worthy. There is an animal there, a nine headed lion, that lives underneath his throne. I will go there. You all stay here. Protect the city and my master."

Sun Wukong used his cloud somersault to fly up to heaven. He reached the Eastern Gate of Heaven. King Virupaska saw him and asked where he was going. He replied, "I am going to Wonderful Cliff Palace in the Eastern Heaven."

"But why?" asked Virupaska.

"We were traveling to the west. We came to the Jade Flower

Kingdom and met the prince of the city. His three sons wanted us to teach them how to use weapons. But our weapons were stolen by a gang of lion monsters. They are holding my master and my brothers prisoner. Now I must ask the Celestial Worthy to subdue the leader of the lion monsters."

"This is your fault. You wanted to be a teacher, and that caused the trouble with the lions."

"That's true."

Virupaska and his soldiers moved aside to let Sun Wukong pass. The monkey king continued on until he reached the Wonderful Cliff Palace. It was a huge building covered with a golden roof. Flowers grew everywhere. Sun Wukong came to the palace gate. A boy saw him. He went to the Celestial Worthy and reported, "My lord, the Great Sage Equal to Heaven who caused trouble in heaven is here."

The Celestial Worthy came down from his throne to greet Sun Wukong, saying, "Great Sage, I haven't seen you for many years. I heard that you had given up Daoism and you are now a Buddhist. Have you and your master reached the Western Heaven yet?"

"We are getting close. We have come to Jade Flower Kingdom. The prince has three sons. They asked us to teach them how to use our magic weapons. One night, someone stole our weapons. I found out that they were taken by a demon named Yellow Lion. I tried to get the weapons back, but Yellow Lion was joined by six other lion demons, plus a very powerful demon named Ninefold Spiritual Sage. He is a lion with nine heads. Perhaps you know something about him?"

The Celestial Worthy turned his head and told one his officers to fetch his lionkeeper slave. The officers found the slave asleep on the floor. They dragged him to the throne room. The Celestial Worthy asked him, "Where is my nine headed lion?"

The slave kowtowed and said, "My lord, please don't kill me. I stole a jug of wine and drank it. I must have fallen asleep. The lion escaped."

"You fool. That wine was given to me by the great Laozi. If you drink it, you fall asleep for three days. How many days has the lion been gone?"

Sun Wukong answered, "The Ninefold Spiritual Sage has lived in his cave for two or three years, I think."

"That's right. A day in Heaven is equal to a year in the human world." Then he said to the lionkeeper, "Get up. I will let you live. Come to the human world with the Great Sage and me. We will get the lion."

The three of them returned to Bamboo Mountain. There they met the Six Gods of Darkness and Six Gods of Light. All the gods bowed to the Celestial Worthy. "Nothing has happened here," they said. "The Ninefold Spiritual Sage was so angry that he went to sleep. He has not harmed the monk or anyone else."

The Celestial Worthy said, "He is a good lion, he would not harm anyone. Great Sage, go to the gates of his cave, call him, and bring him out so we can capture him."

Sun Wukong went to the cave gates and shouted for a while. But the lion demon was asleep and did not hear him. Finally Sun Wukong used his rod to smash the stone gates. This woke up the lion demon. He ran towards Sun Wukong, shouting, "I'm coming for you!" Sun Wukong turned and ran away. The lion demon chased him, shouting, "Where do you think you're going?"

Sun Wukong ran away a little bit, turned, and said, "What, don't you see your master here?"

Just then, the Celestial Worthy said, "I'm here, my little sage." The lion demon looked and saw his master. He stopped running and lay down with all four feet on the ground, kowtowing.

The lionkeeper ran over to him and punched him, saying, "Why did you run away? You caused me a lot of trouble!" He kept punching the lion until his fist was tired. Then he put a rope around the lion's neck, led him onto a colored cloud, and flew back to Wonderful Cliff Palace.

Sun Wukong thanked the Celestial Worthy and the other gods and local spirits. Then he went into the cave and freed the old prince, Tangseng, Zhu, Sha, and the three young princes. They all walked out of the cave. Zhu gathered some dry wood, started a fire, and burned everything in the cave. Sun Wukong told Zhu and Sha to carry the four princes back to the city. Then he and Tangseng walked back to the city. It was dark by the time they arrived at the city. A vegetarian feast was prepared for everyone. Then they all went to bed.

The next day after breakfast, Sun Wukong asked that the six lion prisoners be killed and their meat cut up. The meat of one lion was given to the palace workers. The meat of another lion was given to the palace officers. The meat of the other four lions was cut into very small pieces and given to all the soldiers and citizens of the city. This was to let everyone taste the lion meat and conquer their fear.

The ironsmiths finished their work. They had made a golden hoop rod that weighed a thousand pounds, a nine-toothed rake weighing eight hundred pounds, and a staff weighing eight hundred pounds. The three young princes came out.

Their father said to them, "These weapons almost caused all of us to lose our lives. We are alive thanks to the power of our great teachers. Now the evil demons are gone. We will have no trouble from them anymore."

The travelers stayed in the city for a few more days. The three disciples taught the three young princes how to use their new weapons. The young princes had great strength thanks to some magic from Sun Wukong's breath. They learned quickly, and soon they could use the heavy weapons with great skill.

We have a poem for this:

> They had good luck finding three teachers
> They did not know their studies would bring lion spirits
> Evil is destroyed, the nation is at peace
> The travelers are as one against the bandits
> The nine headed lion's power is gone
> The Way has returned
> The dharma will live forever
> Jade Flower Kingdom will be at peace

The old prince thanked the travelers again and again. He tried to give them gold and silver. But Zhu said, "We cannot take gold or silver. But those lions really tore up our clothes. If you could give us a change of clothing, we would be grateful." The prince gave the command, and new clothing was made quickly. The travelers put on the clothing, gathered their luggage, and set off again.

As they walked down the streets of the city, everyone came out of their houses to say goodbye. Music played, flags fluttered overhead, colored lanterns were hung, and incense was burned.

The travelers reached the western gate of the city. Free from worry, free from thought, they walked towards the land of the Buddha.

We don't know what will happen to them next. You will find out in the next story.

Proper Nouns

These are all the Chinese proper nouns used in this book.

Pinyin	Chinese	English
Áoguǎng	敖广	Aoguang, the dragon of the Eastern Ocean
Bào Tóu Shān	豹头山	Leopard Head Mountain
Dà Yǔ	大禹	Great Yu, an ancient king
Dān Fèng Zhāoyáng	丹凤朝阳	Red Phoenix Facing the Sun, a fighting technique
Diāozuān Gǔguài	刁钻古怪	Shifty Freaky, a little demon
Dīng Bǎ Jié	钉钯节	Rake Festival
È Hǔ Pū Shí	饿虎扑食	Hungry Tiger Seizing Its Prey, a fighting technique
Fèngxiān	凤仙	Fengxian, a city
Gānlín Pǔjì Sì	甘霖普济寺	Temple of Salvation by Rain
Guǎng Mù Tiānwáng	广目天王	King Virupaska, an immortal
Guāngmíng Liùshén	光明六神	Six Gods of Light, immortals
Gǔguài Diāozuān	古怪刁钻	Freaky Shifty, a little demon
Hēi'àn Liùshén	黑暗六神	Six Gods of Darkness, immortals
Hù Guó Tiānwáng	护国天王	Heavenly King Protector, an immortal
Huáng Shī	黄狮	Yellow Lion, a demon
Hǔkǒu Dòng	虎口洞	Tiger Mouth Cave
Jīn Tóu Jiē Dì	金头揭谛	Golden Headed Guardian, an immortal
Jiǔ Líng Yuán Shèng	九灵元圣	Ninefold Spiritual Sage
Jiǔ Qū Pánhuán Dòng	九曲盘桓洞	Nine Bend Cave
Jiǔtiān Yìng Yuán Fǔ	九天应元府	Office of the Seasons in the Ninth Heaven
Léiyīn Shān	雷音山	Thunderclap Mountain

Léiyīn Sì	雷音寺	Thunderclap Monastery
Líng Jiù Shān	灵鹫山	Vulture Mountain (Holy Eagle Mountain), home of the Buddha
Líng Xiāo Diàn	灵霄殿	Hall of Divine Mists
Lǜ Liǎn	绿脸	Greenface, a little demon
Miào Yán Gōng	妙岩宫	Wonderful Cliff Palace
Nánshān Dàwáng	南山大王	Great King of the Southern Mountains
Pī Xiāng Diàn	披香殿	Hall of Fragrance
Qí Tiān Dà Shèng	齐天大圣	Great Sage Equal to Heaven
Shā (Wùjìng)	沙(悟净)	Sha Wujing, a disciple of Tangseng
Shǎndiàn Niángzǐ	闪电娘子	Mother Lightning, a nature spirit
Shàngguān	上官	Shangguan, the Prefect of Fengxian
Sì Míng Chǎn	四明铲	Four-Light Shovel
Sūn Wùkōng	孙悟空	Sun Wukong, a disciple of Tangseng
Tài Yǐ Jiù Kǔ Tiānzūn	太乙救苦天尊	Celestial Worthy, an immortal
Tàishàng Lǎojūn	太上老君	Laozi, an immortal
Táng	唐	Tang Empire
Tángsēng	唐僧	Tangseng, a monk
Tiānzūn	天尊	Heavenly Honored One, an immortal
Tōngmíng Diàn	通明殿	Hall of Brightness
Yìndù	印度	India
Yùhuá Wángguó	玉华王国	Jade Flower Kingdom
Yùhuáng Dàdì	玉皇大帝	Jade Emperor, an immortal
Zhū (Bājiè)	猪(八戒)	Zhu Bajie, a disciple of Tangseng
Zhú Jié Shān	竹节山	Bamboo Mountain

Glossary

These are all the Chinese words used in this book, other than proper nouns.

Pinyin	Chinese	English
ài	爱	love
ānjìng	安静	quiet, peaceful
ānpái	安排	to arrange
ba	吧	(indicates assumption or suggestion)
bá	把	(preposition introducing the object of a verb)
bá	拔	to pull
bǎ	把	(measure word for gripped objects)
bā	八	eight
bài	拜	to worship
bǎi	百	hundred
bái (sè)	白(色)	white
báifèi	白费	in vain
bàn	半	half
bān	搬	move
bànfǎ	办法	method
bàng	棒	rod, stick, wonderful
bǎng	绑	to tie
bāng (zhù)	帮(助)	to help
bāngmáng	帮忙	to help
bǎobèi	宝贝	treasure, baby
bǎochí	保持	to keep
bàochóu	报仇	revenge
bàofēngyǔ	暴风雨	storm
bàogào	报告	report

bǎohù	保护	to protect
bàozi	豹子	leopard
bǎozuò	宝座	throne
bǎshǒu	把手	handle
bàzi	耙子	rake
bèi	被	(particle before passive verb)
běi	北	north
bèn	笨	stupid, a fool
bì	币	coin, currency
bǐ	比	compared to, than
bì (kāi)	避(开)	to avoid
bì (shàng)	闭(上)	to shut, to close up
biàn	变	to change
biān	边	side
biànchéng	变成	to become
biānjiè	边界	boundary
biǎoyǎn	表演	performance
bié	别	do not, other
bìxià	陛下	Your Majesty
bìxū	必须	must, have to
bízi	鼻子	nose
bō	剥	to flay, to peel
bózi	脖子	neck
bù	不	no, not, do not
bù lǐ	不理	to ignore
bùguǎn zěnyàng	不管怎样	one way or another
bújiànle	不见了	gone
bùshí	不时	occasionally
cái	才	only
cǎi (sè)	彩(色)	color
cáifù	财富	wealth

cáinéng	才能	can only, ability, talent
cáng	藏	to hide
cānjiā	参加	to participate, to join
cǎo	草	grass, straw
chá	茶	tea
chā	插	to insert
cháng	长	long
chǎng	场	(measure word for public events)
chàng (gē)	唱(歌)	to sing
cháwū	茶屋	tea house
chéng (shì)	城(市)	city
chéng (wéi)	成(为)	to become
chéngnuò	承诺	promise
chǐ	尺	Chinese foot
chǐ	齿	tooth, tooth-shaped
chī (fàn)	吃(饭)	to eat
chī diào	吃掉	to eat up
chóng (zi)	虫(子)	insect, worm
chóu	仇	hatred
chǒu	丑	ugly
chù	处	location
chū	出	out
chuān (guò)	穿(过)	to pass through
chuān (shàng)	穿(上)	to put on
chuāng (hù)	窗(户)	window
chúfáng	厨房	kitchen
chuī	吹	blow
chūxiàn	出现	to appear
cì	次	next in a sequence, (measure word for time)
cóng	从	from

cónglái méiyǒu	从来没有	there has never been
cū	粗	broad, thick
cùn	寸	Chinese inch
cuò	错	wrong, mistaken
dà	大	big
dǎ	打	to hit, to play
dǎ fān	打翻	to knock over
dà hǎn	大喊	to shout
dǎbài	打败	defeat
dàchén	大臣	minister
dàdì	大地	the earth
dàdiàn	大殿	main hall
dàhǎi	大海	the sea
dàjiā	大家	everyone
dàjiàng	大将	general, high ranking officer
dǎkāi	打开	to turn on, to open
dàn	担	picul (a traditional weight measure)
dàn (shì)	但(是)	but
dāng	当	when
dǎng (zhù)	挡(住)	to block
dāngrán	当然	of course
dānxīn	担心	to worry, beware
dào	道	path, way, Dao, to say, (measure word for lines, orders)
dào	到	to arrive, towards
dǎo	倒	to fall
dàojiào	道教	Daoism
dàoxiè	道谢	to thank
dàshēng	大声	loud
dàshī	大师	grandmaster
dàwáng	大王	king

dàxiǎo	大小	size
de	地	(adverbial particle)
de	的	of
dé	得	(particle showing degree or possibility)
dédào	得到	to get
dehuà	的话	if
děng	等	to wait
dēng (guāng)	灯(光)	light
dēnglóng	灯笼	lantern
dì	第	(prefix before a number)
dì	地	land, ground, earth
dī	滴	(measure word for droplet)
dī	低	low
dǐ (bù)	底(部)	bottom
diàn	殿	hall
diǎn	点	point, hour
diǎnlǐ	典礼	ceremony
diànxià	殿下	Your Highness
diào	掉	to fall, to drop, to lose
dìdi	弟弟	younger brother
dìfāng	地方	local, place
dìguó	帝国	empire
dìshàng	地上	on the ground
dītóu	低头	head bowed
diū	丢	to throw
dìxià	地下	underground
dòng	洞	cave, hole
dòng	动	to move
dǒng	懂	to understand
dōng	东	east

dōngtiān	冬天	winter
dòngwu	动物	animal
dōngxi	东西	thing
dōu	都	all
duàn	断	broken
duì	对	correct, towards someone
duì zhàn	对战	play against
duìbùqǐ	对不起	I am sorry
duìdài	对待	to treat someone
duìmiàn	对面	opposite
dùn	顿	(measure word for non-repeating actions)
duǒ	朵	(measure word for flowers and clouds)
duǒ	躲	to hide
duō	多	many
duōshǎo	多少	how many
è	恶	evil
è	饿	hungry
èr	二	two
ěr (duo)	耳(朵)	ear
érqiě	而且	and
érzi	儿子	son
fǎ	法	law
fā	发	to send, to issue
fǎ chuáng	法幢	flower flag
fàn	饭	cooked rice, a meal
fān	翻	to turn
fàng	放	to put, to let out
fang (zi)	房(子)	house
fángjiān	房间	room
fàngqì	放弃	to give up, surrender

fàngxià	放下	lay down
fánróng	繁荣	prosperous
fāshēng	发生	to occur
fāxiàn	发现	to find out
fēi	飞	to fly
fēicháng	非常	very much
fēikuài	飞快	fast
fēixíng	飞行	flying
fèn	份	(measure word for documents, meals, jobs)
fēn	分	to share, to divide, Chinese penny
fēnkāi	分开	separate
fènnù	愤怒	anger
fēnzhōng	分钟	minute
fó, fú	佛	Buddha, buddhist
fófǎ	佛法	Buddha's teachings
fójiào	佛教	Buddhism
fójiào tú	佛教徒	buddhist
fózǔ	佛祖	Buddhist teacher
fù (qīn)	父(亲)	father
fùjìn	附近	nearby
fùzé	负责	be responsible for
gǎi (biàn)	改(变)	to change
gāisǐ de	该死(的)	damn
gǎn	赶	to chase away
gǎn	敢	to dare
gān	干	dry
gǎn (dào)	感(到)	to feel
gāng (cái)	刚(才)	just, just a moment ago
gāngtiě	钢铁	steel
gǎnjī	感激	gratitude

gǎnxiè	感谢	grateful
gao	高	tall, high
gàosù	告诉	to tell
gāoxìng	高兴	happy
gè	个	(measure word, generic)
gēge	哥哥	elder brother
gěi	给	to give
gēn	根	root, (measure word for long thin things)
gēn (zhe)	跟（着）	with, to follow
gèng	更	even
gēng	更	even, watch (2-hour period)
gèngjiā	更加	more
gèzi	个子	stature
gōng (diàn)	宫（殿）	palace
gōngjī	攻击	to attack
gòngpǐn	贡品	tribute
gōngrén	工人	worker
gōngzuò	工作	work, job
gǒu	狗	dog
gǔ	古	ancient
gǔ	鼓	drum
gǔ (tóu)	骨（头）	bone
gǔ (zi)	谷（子）	grains
guà	挂	to hang, to call
guǎizhàng	拐杖	staff, crutch
guān	冠	a crown
guān	关	to turn off, to close, to lock up
guāng	光	light
guānxīn	关心	concern
guānyuán	官员	official

guànzi	罐子	jar
guì	贵	expensive
guì	跪	to kneel
guǐ (guài)	鬼(怪)	ghost
guīshùn	归顺	to submit
guò	过	to pass, (after verb to indicate past tense)
guó (jiā)	国(家)	country
gùshì	故事	story
hái	还	still, also
hǎi	海	ocean, sea
hái yǒu	还有	and also
hàipà	害怕	fear, scared
háishì	还是	still is. or
háizi	孩子	child
hǎn (jiào)	喊(叫)	to call, to shout
hǎo	好	good, very
hé	和	and, with
hé	合	to combine, to join
hē	喝	to drink
hé (liú)	河(流)	river
hé (zi)	盒(子)	box
hēi (sè)	黑色	black
hēi'àn	黑暗	dark
hěn	很	very
hépíng	和平	peace
héshang	和尚	monk
hóng (sè)	红(色)	red
hòu	后	after, back, behind
hòu	厚	thick
hóu (zi)	猴(子)	monkey

hòulái	后来	later
hòumiàn	后面	behind
hú	壶	pot
hǔ	虎	tiger
huà	化	to melt
huà	画	to paint, painting
huà	话	word, speak
huài	坏	bad, broken
huán	还	to return
huàn	换	to exchange, to trade
huáng (sè)	黄(色)	yellow
huángdì	皇帝	emperor
huàngdòng	晃动	to shake, to sway
húdié	蝴蝶	butterfly
huí	回	to return
huì	会	will, to be able to
huī	灰	gray, dust, ash
huī (dòng)	挥(动)	to swat, to wave
huǐ (huài)	毁(坏)	to smash, to destroy
huídá	回答	to reply
huílái	回来	to come back
huíqù	回去	to go back
huǒ	火	fire
huó (zhe)	活(着)	alive
huò (zhě)	或(者)	or
huǒyàn	火焰	flame
hùxiāng	互相	each other
húzi	胡子	beard, moustache
jí	极	extremely, pole
jǐ	几	several
jī	鸡	chicken

jì (dé)	记(得)	to remember
jì pǐn	祭品	offerings
jí shì	集市	marketplace
jiā	家	family, home
jiā	加	plus, to add
jiàn	件	(measure word for clothing, matters)
jiàn	箭	arrow
jiàn	建	to build
jiān	尖	pointed, tip
jiàn (miàn)	见(面)	to see, to meet
jiǎng	讲	to speak
jiāng	将	shall
jiào	叫	to call, to yell
jiǎo	脚	foot
jiāo	教	to teach
jiàoxǐng	叫醒	to wake up
jiàozi	轿子	sedan chair
jiārén	家人	family, family members
jiātíng	家庭	family, family members
jiè	借	to borrow, to lend
jiē (dào)	街(道)	street
jié (rì)	节(日)	festival (day)
jiējìn	接近	close to
jiějué	解决	to solve, settle, resolve
jiēshòu	接受	to accept
jiéshù	结束	end, finish
jiēzhe	接着	and then
jīhū	几乎	almost
jìhuà	计划	plan
jìn	近	close

jìn	进	to advance, to enter
jīn	斤	cattie (measure of weight)
jīn (sè)	金(色)	golden
jīn gū bàng	金箍棒	golden hoop rod
jīndǒu	筋斗	somersault
jǐng	井	well
jīng	经	scripture, holy book
jīng (shén)	精(神)	spirit
jīngguò	经过	after, through
jìnlái	进来	come in
jìnqù	进去	to go in
jīntiān	今天	today
jīròu	肌肉	muscle
jiù	就	just, right now
jiù	救	to save, to rescue
jiǔ	久	long
jiǔ	九	nine
jiǔ	酒	wine, liquor
jiǔdiàn	酒店	hotel, inn
jìxù	继续	to carry on
jù	句	(measure word for word, sentence)
jù (dà)	巨(大)	huge
jǔ (qǐ)	举(起)	to lift
juédé	觉得	to feel
jūgōng	鞠躬	to bow down
jùjué	拒绝	to refuse
jǔjué	咀嚼	to chew
jùnhóu	郡侯	prefect
jǔxíng	举行	to hold
kāi	开	open

kāi wù	开悟	enlighten
kāishǐ	开始	to begin
kàn	看	to look
kǎn	砍	to cut
kàn bújiàn	看不见	look but can't see
kàn kàn	看看	have a look
kàn qǐlái	看起来	it looks like
kàn shàngqù	看上去	it looks like
kānhù	看护	to care for
kànjiàn	看见	to see
kè	课	lesson
kě	渴	thirst
kělián	可怜	pathetic
kěnéng	可能	maybe
kěpà	可怕	frightening, terrible
kèrén	客人	guest
kěshì	可是	but
kěyǐ	可以	can
kōng (qì)	空(气)	air, void, emptiness
kōngzhōng	空中	in the air
kòutóu	叩头	to kowtow
kū	枯	dry, withered
kū	哭	to cry
kuài	块	(measure word for chunks, pieces)
kuài	快	fast
kuàiyào	快要	about to
lái	来	to come
láizì	来自	from
láng	狼	wolf
lǎo	老	old
lǎohǔ	老虎	tiger

lǎoshī	老师	teacher
lǎotóu	老头	old man
làzhú	蜡烛	candle
le	了	(indicates completion)
lèi	泪	tears
lèi	累	tired
léi (shēng)	雷(声)	thunder
léidiàn	雷电	thunder and lightning
lí	离	away from, to leave
li (miàn)	里(面)	inside
liǎ	俩	both
lián	连	even, to connect
liàn	炼	to temper with fire
liǎn	脸	face
liáng	凉	cool
liǎng	两	two, Chinese ounce
liánméng	联盟	alliance
lìhài	厉害	amazing, powerful
líkāi	离开	to leave
lìliàng	力量	strength
lǐmào	礼貌	polite
límíng	黎明	dawn
lìng (wài)	另(外)	other, another, in addition
liú	留	keep
liú	流	to flow
liù	六	six
liǔ	柳	willow
liú (xià)	留(下)	to keep, to leave behind, to stay
lóng	龙	dragon
lónglóng	隆隆	crash of thunder
lóu	楼	building, floor of a building

lù	鹿	deer
lù	路	road
lù	露	to reveal, to expose, dew
lǜ (sè)	绿(色)	green
luó	锣	gong
lǚtú	旅途	journey
ma	吗	(indicates a question)
mǎ	马	horse
máfan	麻烦	trouble
mài	卖	to sell
mǎi	买	to buy
máng	忙	busy
máo (fà)	毛(发)	hair
mǎshàng	马上	immediately
méi	没	no, not have
měi	每	each, every
méi (mao)	眉(毛)	eyebrow
méi wèntí	没问题	it's ok, no problem
méiguānxì	没关系	it doesn't matter
měilì	美丽	beauty
méiyǒu	没有	no, not have
men	们	(indicates plural)
mén	门	door, gate
mǐ	米	rice, meter
miàn	面	side, surface, noodles, (measure word for flat things)
miànqián	面前	before
miàntiáo	面条	noodles
miè	灭	to extinguish
mǐfàn	米饭	cooked rice
mìng	命	life

míng (liàng)	明(亮)	bright
míng (zì)	名	first name, name, (measure word for an occupation or profession)
mìnglìng	命令	command
míngtiān	明天	tomorrow
mó (fǎ)	魔(法)	magic
mó (lì)	魔(力)	magic
móguǐ	魔鬼	demon
mù (tou)	木(头)	wood
ń, en, èn	嗯	well, um
ná	拿	to take
nà	那	that
ná qǐ (lái)	拿起(来)	to pick up
ná zǒu	拿走	take away
nǎ'er	哪儿	where
nàlǐ	那里	there
nǎlǐ	哪里	where
nàme	那么	so then
nán	难	difficult, rare
nán	南	south
nánguò	难过	sad
nánhái	男孩	boy
nàyàng	那样	that way
ne	呢	(indicates question)
néng	能	can
nénggòu	能够	able to, capable of
ní	泥	mud
nǐ	你	you
nián	年	year
niànjīng	念经	chanting
niánlíng	年龄	age

nǐmen	你们	you
nòng	弄	to do, to make
nóngfū	农夫	farmer
nóngtián	农田	farmland
nǚ	女	female
nuǎn	暖	warm
nǚhái	女孩	girl
núlì	奴隶	slave
nǔlì	努力	work hard
ó, ò	哦	oh?, oh!
pà	怕	afraid
pái (zi)	牌(子)	sign
pán	盘	plate, tray, to coil, to twist
páng (biān)	旁(边)	beside
pǎo	跑	to run
páoxiāo	咆哮	to roar
pèng	碰	to touch
péngyǒu	朋友	friend
pí	皮	leather, skin
piàn	片	(measure word for flat objects)
piāo	漂	to drift
piāo (dòng)	飘(动)	to flutter
píng (zi)	瓶(子)	bottle
pū	扑	to throw oneself
púrén	仆人	servant
pǔtōng	普通	ordinary
qí	骑	to ride
qì	气	gas, air, breath
qǐ	起	from, up
qī	七	seven
qián	前	in front, before, side

qián	钱	money
qiàn	欠	to owe
qiān	千	thousand
qiān (shǔ)	签 (署)	to sign
qiáng	墙	wall
qiángdà	强大	powerful
qiángdào	强盗	bandit
qiángzhuàng	强壮	strong
qiánwǎng	前往	go to
qiāo (jī)	敲 (击)	to knock, to strike
qiāodǎ	敲打	to beat up
qídǎo	祈祷	prayer
qiē	切	to cut
qiē chéng	切成	cut into
qǐlái	起来	(after verb, indicates start of an action)
qīn'ài de	亲爱的	dear
qǐng	请	please
qīng (chǔ)	清 (楚)	clear
qǐngqiú	请求	request
qīngshēng	轻声	speak softly
qǐngwèn	请问	excuse me
qīnqi	亲戚	relative
qióng	穷	poverty
qítā	其他	other
qiú	求	to beg
qiū (tiān)	秋 (天)	autumn
qiúfàn	囚犯	prisoner
qízhōng	其中	among them
qízi	旗子	flag
qīzi	妻子	wife

qù	去	to go
qǔ	取	to take
quán (tóu)	拳(头)	fist
qún	群	group, (measure word for group)
ràng	让	to let, to cause
ránhòu	然后	then
ránshāo	燃烧	burning
rén	人	person, people
rèn	认	to know, to recognize
rèn chū	认出	to recognize
réncí	仁慈	kindness
rēng	扔	to throw
réngrán	仍然	still, yet
rènhé	任何	any
rénjiān	人间	human world
rènwéi	认为	think
rì (zi)	日(子)	day, days of life
róngyì	容易	easy
róngyù	荣誉	honor
ròu	肉	meat, flesh
rúguǒ	如果	if
sān	三	three
sēnlín	森林	forest
shā	杀	kill
shān	山	mountain
shǎndiàn	闪电	lightning
shāndòng	扇动	fan, to flap
shàng	上	on, up
shāng (hài)	伤(害)	hurt
shàngchuáng	上床	go to bed
shāngdiàn	商店	store

shàngmiàn	上面	above
shàngtiān	上天	god, heaven
shāngǔ	山谷	valley
shànliáng	善良	goodness
shǎnshuò	闪烁	flash of lightning
shǎo	少	less
shāo	烧	to burn
shé	蛇	snake
shè	射	to shoot, to emit
shēn	深	late, deep
shēn (tǐ)	身(体)	body
shén (xiān)	神(仙)	spirit, god
shēnbiān	身边	around
shēndù	深度	depth
shēng	升	100 liters
shēng	生	to give birth, to grow out
shēng (huó)	生(活)	life
shèng (rén)	圣(人)	saint, holy sage
shèng (xià)	剩(下)	to remain, rest of
shēng (yīn)	声(音)	sound
shéng (zi)	绳(子)	rope
shēng chū	生出	give birth to
shèngjīng	圣经	holy scripture
shēngmìng	生命	life
shēngqì	生气	anger
shēngzhǎng	生长	to grow
shénme	什么	what
shénqí	神奇	magical
shétou	舌头	tongue
shèzhì	设置	to set up
shí	十	ten

shì	是	is, yes
shì	试	to taste, to try
shī (gē)	诗(歌)	poetry
shí (hòu)	时(候)	time, moment, period
shì (qing)	事(情)	thing
shí (tou)	石(头)	stone
shí (wù)	食(物)	food
shìbīng	士兵	soldier
shīfu	师父	master
shíjiān	时间	time, period
shìjiè	世界	world
shízhù	石柱	stone pillar
shīzi	狮子	lion
shòu	兽	beast
shǒu	首	(measure word for music, poems)
shǒu	手	hand
shǒubì	手臂	arm
shòudào	受到	to receive, to suffer
shǒulǐng	首领	chief, leader
shǒuwèi	守卫	to guard
shū	书	book
shù (mù)	树(木)	tree
shuāng	双	a pair
shuí	谁	who
shuǐ	水	water
shuì (jiào)	睡(觉)	to sleep
shuō (huà)	说(话)	to say
sì	四	four
sǐ	死	dead, to die
sī	撕	to tear
sì (miào)	寺(庙)	temple

sìzhōu	四周	all around, four directions
sòng (gěi)	送(给)	to give a gift
sōng kāi	松开	to release
suì	碎	to break up
sūnzi	孙子	grandson
suǒ	锁	lock
suǒyǐ	所以	so, therefore
suǒyǒu	所有	all
sùshí	素食	vegetarian food
tā	他	he, him
tā	它	it
tā	她	she, her
tài	太	too
tái (qǐ)	抬(起)	to lift up
táitóu	抬头	look up
tàiyáng	太阳	sunlight
tǎng	躺	to lie down
tāng	汤	soup
tào	套	set, sleeve
táo (zǒu)	逃(走)	to escape
táopǎo	逃跑	to run away
tī	踢	to kick
tiǎn	舔	to lick
tiān	天	day, sky
tiāndì	天地	heaven and earth
tiāngōng	天宫	palace of heaven
tiānkōng	天空	sky
tiānqì	天气	weather
tiānshàng	天上	heaven, on the sky
tiānxià	天下	under heaven

tiáo	条	(measure word for narrow, flexible things)
tiào	跳	to jump
tiàowǔ	跳舞	to dance
tiě	铁	iron
tiějiàng	铁匠	blacksmith
tīng	听	listen
tíng (zhǐ)	停(止)	to stop
tíng (zi)	亭(子)	pavilion
tīng shuō	听说	it is said that
tíngliú	停留	to stay
tòng (kǔ)	痛(苦)	pain, suffering
tōngguān wénshū	通关文书	travel rescript
tóngqíng	同情	compassion, pity
tōngxíngzhèng	通行证	pass (authority to enter)
tóngyì	同意	to agree
tóu	头	head, (measure word for animal with big head)
tōu	偷	to steal
tóufà	头发	hair
tǔ	吐	to spit out
túdì	徒弟	apprentice
tǔdì	土地	land
tuī	推	to push
tuī kāi	推开	to push away
tuīdǎo	推倒	to knock down
tuō	拖	to drag
tūrán	突然	suddenly
wài (miàn)	外(面)	outside
wàiyī	外衣	coat
wán	玩	to play
wàn	万	ten thousand

wǎn	碗	bowl
wān	弯	to bend, curved
wánchéng	完成	to complete
wǎnfàn	晚饭	dinner
wáng	王	king
wàng	望	to see
wǎng	往	to
wǎng qián	往前	move forward
wángguó	王国	kingdom
wángzǐ	王子	prince
wǎnshàng	晚上	evening, night
wéi	围	to encircle, to surround
wèi	为	for
wèi	位	place, (measure word for people, polite)
wèi	喂	to feed
wěidà	伟大	great
wèishénme	为什么	why
wèn	问	to ask
wènhǎo	问好	to say hello
wèntí	问题	problem, question
wǒ	我	I, me
wǔ	五	five
wù (qì)	雾(气)	fog, mist
wū (zi)	屋(子)	small house, room
wǔ qì	武器	weapon
wūdǐng	屋顶	roof
xǐ	洗	to wash
xī	西	west
xià	下	down, under
xià	吓	to scare

xià (tiān)	夏（天）	summer
xià huài	吓坏	frightened
xiān	先	first
xiān	仙	immortal, celestial being
xiàng	像	like, to resemble
xiàng	向	towards
xiǎng	响	loud
xiǎng	想	to want, to miss, to think of
xiāng (huǒ)	香（火）	incense
xiǎng yào	想要	would like to
xiǎngfǎ	想法	thought
xiángfú	降伏	to subdue
xiǎngshòu	享受	to enjoy
xiāngxìn	相信	to believe, to trust
xiānhuā	鲜花	fresh flowers
xiānshēng	先生	sir, gentleman
xiànzài	现在	just now
xiào	笑	to laugh
xiǎo	小	small
xiǎoshí	小时	hour
xiāoshī	消失	to disappear
xiǎotōu	小偷	thief
xié	邪	evil
xiě	写	write
xiē	些	some
xié ('è)	邪（恶）	evil
xièxiè	谢谢	thank you
xìn	信	letter
xīn	心	heart/mind
xīn	新	new
xíng	行	to travel, to walk, OK

xǐng (lái)	醒(来)	to wake up
xīng (xīng)	星(星)	star
xìngfú	幸福	happy
xínglǐ	行李	luggage
xiōngdì	兄弟	brother
xītiān	西天	western heaven
xiūrù	羞辱	to insult, to humiliate
xīwàng	希望	to hope
xǔduō	许多	many
xué (xí)	学(习)	to learn
xǔkě	许可	permission, license
xūyào	需要	to need
yán	沿	along
yàn (huì)	宴(会)	feast, banquet
yǎn (jīng)	眼(睛)	eye
yān (wù)	烟(雾)	smoke
yáng	羊	goat, sheep
yàngzi	样子	to look like, appearance
yànhuì	宴会	banquet
yānmò	淹没	to flood
yánsè	颜色	color
yào	要	to want
yáo (dòng)	摇(动)	to shake or twist
yāodài	腰带	belt
yāoguài	妖怪	monster
yāoqǐng	邀请	to invite
yāoqiú	要求	to request
yě	也	also, too
yè (zi)	叶(子)	leaf
yèwǎn	夜晚	night
yéye	爷爷	grandfather

yī	一	one
yī (fu)	衣(服)	clothes
yídìng	一定	must
yígèrén	一个人	alone
yígòng	一共	altogether
yǐhòu	以后	after
yīhuǐ'er	一会儿	a while
yǐjīng	已经	already
yín (sè)	银(色)	silver
yín (zi)	银(子)	silver
yíng	赢	to win
yīnggāi	应该	should
yīnwèi	因为	because
yīnyuè	音乐	music
yìqǐ	一起	together
yǐqián	以前	before
yíqiè	一切	everything
yǐwéi	以为	to think, to believe
yíxià	一下	a bit, a short quick action
yìxiē	一些	some
yíyàng	一样	same
yìzhí	一直	always, continuously
yǐzi	椅子	chair
yòng	用	to use
yǒngyuǎn	永远	forever
yóu	油	oil
yóu	游	to swim, to tour
yòu	又	again, also
yòu	右	right (direction)
yǒu	有	to have
yóurén	游人	traveler, tourist

yù	玉	jade
yǔ	雨	rain
yǔ	语	words, language
yù (dào)	遇(到)	encounter, meet
yuǎn	远	far
yuàn (yì)	愿(意)	willing
yuànzi	院子	courtyard
yuè (liang)	月(亮)	month, moon
yuèguāng	月光	moonlight
yùjiàn	遇见	meet
yún	云	cloud
yùnqì	运气	luck
yǔzhòu	宇宙	universe
zá (suì)	砸(碎)	to smash
zài	再	again
zài	在	in, at
zàijiàn	再见	goodbye
zào	造	to make
zǎofàn	早饭	breakfast
zǎoshang	早上	morning
zěnme	怎么	how
zěnme bàn	怎么办	how to do
zěnmele	怎么了	what's wrong
zhàn	站	to stand
zhàndòu	战斗	fighting
zhǎng	长	to grow
zhāng	章	chapter
zhāng	张	open, (measure word for pages, flat objects)
zhànshì	战士	warrior
zhào	照	according to, to shine

zhǎo	找	to search for
zhào liàng	照亮	illuminate
zhǎo máfan	找麻烦	to look for trouble
zhǎodào	找到	found
zhàogù	照顾	to take care of
zhe	着	(indicates action in progress)
zhè	这	this, these
zhē	遮	to hide
zhèlǐ	这里	here
zhème	这么	so
zhèn	阵	(measure word for short-duration events)
zhèn	朕	I (royal)
zhēn	针	needle
zhēn	真	true, real
zhèng	正	correct, just
zhěng	整	all, entire
zhēnglùn	争论	to argue
zhèngzài	正在	(-ing)
zhēnshi	真是	really
zhēnzhū	珍珠	pearl
zhèxiē	这些	these ones
zhèyàng	这样	such
zhì	置	to put, to place
zhǐ	指	finger, to point at
zhǐ	只	only
zhī	只	(measure word for animals)
zhī	枝	branch
zhī	之	of
zhì (huì)	智(慧)	wisdom
zhídào	直到	until

zhīdào	知道	to know	
zhīhòu	之后	after, later	
zhīqián	之前	before	
zhòng	众	a crowd	
zhòng	重	heavy, hard	
zhōng	中	in, middle	
zhōngyú	终于	at last	
zhǒngzǐ	种子	seed	
zhù	住	to live, to hold, (verb complement)	
zhū	猪	pig	
zhuā (zhù)	抓(住)	to arrest, to grab	
zhuǎn	转	to turn	
zhuàng	撞	to knock against, to run into	
zhuāng	装	to fill	
zhuāng mǎn	装满	to fill up	
zhuǎnshēn	转身	turn around	
zhuǎnxiàng	转向	turn to	
zhūbǎo	珠宝	jewelry	
zhuī	追	to chase	
zhǔnbèi	准备	prepare	
zhǔnbèi hǎole	准备好了	ready, to prepare	
zhuō (zi)	桌(子)	table	
zhǔrén	主人	owner	
zhǔyì	主意	idea, plan, decision	
zì	字	written character	
zì pái	字牌	a sign with words	
zìjǐ	自己	oneself	
zǒu	走	to go, to walk	
zǒu jìn	走近	to approach	
zǒuchū	走出	go out	
zǒulù	走路	to walk down a road	

zúgòu	足够	enough
zuì	最	the most
zuǐ	嘴	mouth
zuìhòu	最后	last, at last
zūn (jìng)	尊(敬)	respect
zuò	座	seat, (measure word for mountains, temples, big houses)
zuò	做	to do
zuò	坐	to sit
zuó wǎn	昨晚	last night
zuǒbiān	左边	left (direction)
zuótiān	昨天	yesterday
zuǒyòu	左右	approximately
zǔzhǐ	阻止	to stop, to prevent